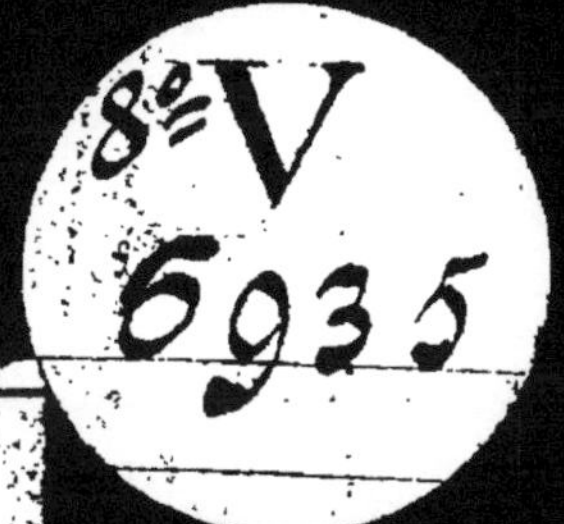
8° V
6935

AF474668

CIÉTÉ DES AMIS DES ARTS

DE LA SOMME

XXXIIme Exposition

1896

CATALOGUE

AMIENS

TYPOGRAPHIE PITEUX FRÈRES

32, RUE DE LA RÉPUBLIQUE, 32

1896

EXPOSITION DE 1896

SOCIÉTÉ DES AMIS DES ARTS

DE LA SOMME

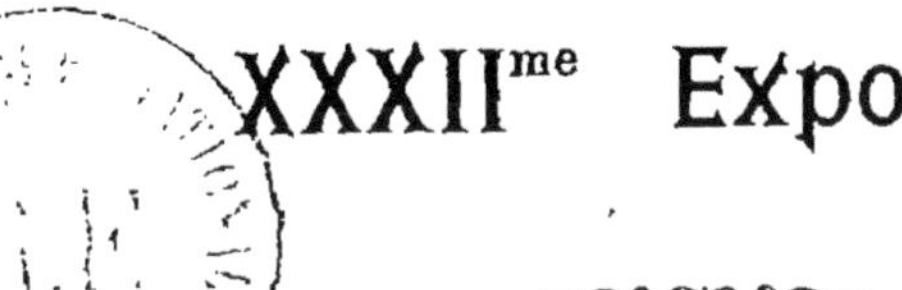

XXXIIme Exposition

1896

CATALOGUE

AMIENS
TYPOGRAPHIE PITEUX FRÈRES
32, RUE DE LA RÉPUBLIQUE, 32

1896

AVIS

L'Exposition sera ouverte tous les jours de 10 heures du matin à 6 heures du soir, du 7 Juin au 19 Juillet 1896.

Toutefois, le Lundi, l'ouverture aura lieu à midi seulement.

Le prix d'entrée est fixé, savoir :

Le Dimanche,	à 0 fr.	25
Les autres jours,	à 0	50

Les personnes accompagnées d'enfants de moins de 6 ans, pourront les introduire gratuitement.

Le dépôt au Vestiaire des cannes et parapluies est obligatoire et gratuit.

PEINTURE.

ABBEMA (Mlle LOUISE), née à Étampes (Seine-et-Oise), élève de Carolus Duran et de Henner.

M. H. Paris. — ✿ A. et du Mérite des Arts de Saxe-Cobourg-Gotha.

Paris, rue Laffitte, 47.

1 — La Greffe.
2 — Marie.

ADAN (LOUIS EMILE), né à Paris, élève de Picot et Cabanel.

Méd. Paris 3e cl. 1875. — Méd. 2e cl. 1882. — H. C. — Méd. or E. U. 1889. — ✱. 1892.

Paris, rue de Courcelles, 75.

3 — L'Exécuteur.

ALHEIM (JEAN D'), né à Moscou.

M. H. Paris.

Paris, avenue de Villiers, chez M. Eliot.

4 — Terrasse à Venise.
5 — Lever du Soleil sur l'Adriatique.

AMBROISE (Jules), né à Paris, élève de Paul Saïn.

1re Méd. Tunis. — Méd. en Province.

Paris, rue du Cherche-Midi, 7.

6 — Les Bords de la Saulx (Meuse).
7 — La Mare de Villebon (Seine-et-Oise).

AROSA (Mlle Marguerite), née à Paris, élève de Barrias.

Méd. or Tours. — Méd. bronze Dijon, Evreux, etc. — M. H. Lyon, E. U., Madrid, etc.

Paris, rue Juliette Lambert, 1.

8 — Etudes de mer.
8a — Fleurs.

BAIL (Franck), né à Paris, élève de Gérôme et J. A. Bail.

M. H. E. U. 1889.

Paris, quai d'Anjou, 25.

9 — Nature morte.
10 — Amusement.

BALLAVOINE (Jules Frédéric), né à Paris, élève de Pils.

Méd. 3e cl. Paris.

Paris, avenue de Wagram, 32.

11 — Pierrette.
12 — L'Eté.

BARBIER (EUGÈNE VICTOR), né à Amiens, élève de David-Riquier.

Amiens, rue Laurendeau, 139.

13 — Dans les Marais de Longueau.
14 — Soleil couchant, Tréport.

BARILLOT (LÉON), né à Montigny-lès-Metz, (Lorraine), élève de Bonnat.

3e Méd. Paris 1880. — 2e Méd. 1884. — H. C. — Méd. or E. U. 1889. — ✱.

Paris, rue de la Tour d'Auvergne, 16.

15 — Bœufs dans les Prairies de la Durdent (Seine-Inférieure).

BARRIAS (FÉLIX JOSEPH), né à Paris, élève de Léon Cogniet.

Prix de Rome 1844. — Méd. 3e cl. 1847. — Méd. 1re cl. 1851. — Méd. 2e cl. E. U. 1855 — ✱ 1859. — Méd. or E. U. 1889.

Paris, rue de Bruxelles, 34.

16 — Esther.

« Esther se rend chez Assuérus. Elle va sauver son peuple ou mourir. Mardochée, vêtu d'un sac couvert de cendres, l'exhorte à avoir confiance en Dieu. Elle s'avance vers le roi. »

BARTHALOT (MARIUS), né à Marseille (Bouches-du-Rhône), élève de Cabanel, Bonnat et Saintpierre.

Méd. Montpellier, Langres.

Paris, rue Alfred Stévens, 3.

17 — Danseuse.
18 — Vieux Buveur.

BAUDRY (BERNARD), né à Rouen (Seine-Infre), élève de Lebel et Zacharie.

Méd. bronze Rouen 1895.

Rouen.

19 — La Lecture du Coran.
20 — Etude.

BAYE (PIERRE ALPHONSE), né à Paris.

Plusieurs Méd. en Province.

Paris, rue Charles V, 23.

21 — Paroissiens.
22 — Vieux Bouquins.

BEAUMONT (MAURICE), né à Amiens, élève de David-Riquier.

Amiens, place Gambetta, 2.

23 — Etude.
24 — Une Ravaudeuse.

BELLARD (Mlle Marie), née à Lille (Nord).

Amiens.

25 — Paravent.

DU BELLAY DE CANNEVILLE (Antoine Paul Gustave), né à Abbeville (Somme), élève de Carl Rosa.

Paris.

26 — Le Village de Poses (Normandie).

BERGERET (Pierre Denis), né à Villeparisis (Seine-et-Marne), élève de E. Isabey.

Méd. Paris 3e cl. 1875. — Méd. 2e cl. 1877. — Méd. 2e cl. E. U. 1889.

Paris.

27 — Nature morte.
28 — Nature morte.

BERNARD (Léon), né à Amiens.

Amiens, place St-Denis, 37.

29 — Fin de journée à Fort-Manoir (environs d'Amiens).

BERTON (Paul Emile), né à Chartrette (Seine-et-Marne), élève de Puvis de Chavannes et Delaunay.

M. H. Paris 1885. — Méd. 3e cl. E. U. 1889, etc.

Paris, rue Mozart, 9.

30 — La Vallée de Montabé (environs de Chevreuse).
31 — Bord d'Etang en Bretagne (effet de brouillard).

BERTRAND (Paulin), né à Toulon (Var), élève de Cabanel.

Méd. Paris 3e cl. 1889. — Méd. 2e cl. 1890. — H. C.

Paris, rue Bayen, 41.

32 — Le Soir au village.
33 — Le Bord de l'Orb.

BESNOU (Auguste), né à Saint-Malo (Ille-et-Vilaine), élève de H. Caffieri.

Boulogne-sur-Mer, rue de Marignan, 40.

34 — « Gare aux faux pas » !
35 — Le Coup de l'étrier.

(*Voir* Dessins).

BINET (Victor J.-B. Barthélémy), né à Rouen (Seine-Inférieure).

M. H. Paris 1881. — Méd. 3e cl. 1882. — Méd. 2e cl. 1886. — Méd. 1re cl. E. U. 1889 — ✱ 1894.

Paris, boulevard Rochechouart, 35.

36 — Temps gris.

BISSON (A. ERNEST V.), né à Paris, élève de Jules Lefebvre et Boulanger.

M. H. Paris.

Paris.

37 — Tête antique.

BIVA (HENRI), né à Paris, élève de A. Nozal et Léon Tanzi.

M. H. Paris 1892. — 3e Méd. 1895.

Paris.

38 — Pivoines, Iris et Aubépines.

(*Voir* DESSINS).

BIVA (PAUL), né à Paris.

Paris, rue d'Hauteville, 12.

39 — Fleurs de Printemps.
40 — Panier de Roses.

(*Voir* DESSINS).

BLANCHARD (PASCAL), né à Paris, élève de Jules Lefebvre et Boulanger.

M. H. Paris. — Méd. 3e cl.

Paris.

41 — L'Octogénaire.

BOGGS (Franck), élève de Gérôme.

H. C. — Méd. 2e cl. E. U. 1889.

40a — L'avant-port du Havre.

(Voir Dessins).

BOILLEAUX (Édouard), né à Amiens, élève de David-Riquier.

Amiens.

42 — La Mare aux canards.
43 — Etudes.

BONNENCONTRE (Ernest de), né à Bonnencontre (Côte-d'Or), élève de Gérôme.

Paris, rue d'Assas, 100.

44 — La Seine gelée au Cours-la-Reine (Paris).
45 — Un Coin du boulevard St-Germain (Paris).

BONNEFOY (Adrien Adolphe), né à Paris, élève de J. P. Laurens.

Méd. argent Versailles 1889. — Lyon 1894. — E. U. Lyon 1895.

Paris.

46 — Pêcheuses à Granville.
47 — Les Pommiers.

BONNEFOY (Henry), né à Boulogne-sur-mer (Pas-de-Calais), élève de Léon Cogniet.

H. C. Paris 1884. — Méd. 2e cl. E. U. 1889.

Paris, rue Fontaine, 42.

48 — Le Ruisseau de la Cluse (Boulogne-s-Mer).
49 — Dans la Vallée de la Cluse (Boulogne-s-Mer).

BOPP DU PONT (Léon), né à Bordeaux (Gironde), élève de Harpignies et Lalanne.

Plusieurs Méd. en Province. — ✿ A. 1895.

Bordeaux, rue de la Croix Blanche, 84.

50 — Le Soir à l'île de Noirmoutier (Vendée).
51 — Chemin des Chênes verts à St-Palais.

BOQUET (Jules), né à Amiens, élève de Boulanger et de J. Lefebvre.

Méd. 3e cl. Paris 1890.

Amiens.

51a — Abandonnée !
51b — Métier à velours.

BORCHARD (Edmond), né à Bordeaux (Gironde) élève de Cabanel et Van Marcke.

M. H. E. U. 1889. — M. H. Paris 1885. — Méd. 3e cl. 1891.

Paris, place Pigalle, 11.

52 — Chasse au Chien d'arrêt.

• BOUCHÉ.

Paris, rue Pierre Ginier, 15.

53 — Sortie de la Bergerie.
54 — Moutons au Pâturage.

BOUCHOR (Joseph Félix), né à Paris, élève de Benjamin Constant et Jules Lefebvre.

M. H. Paris 1888. — Méd. bronze E. U. 1889. — Méd. 2e cl. 1892. — H. C.

Freneuse par Elbeuf, (Seine-Inférieure).

55 — Au temps de la Moisson (Freneuse).

BOUILLIER (Mlle Amable).

Simandres, (Isère).

56 — Aux Champs.

BOURDIER (Paul Emile), né à Paris.

Paris, rue Vineuse, 12.

57 — Bords de l'Oise à Valmondois.
58 — Vallée de l'Oise près de Boran.

BOURGOGNE (Pierre), né à Paris.

H. C.

Sèvres, (Seine-et-Oise), rue de Brancas, 32 ter.

59 — Premières Fleurs.
60 — Fruits d'été.

BOUTET DE MONVEL (MAURICE), élève de Cabanel, J. Lefebvre, G. Boulanger et C. Duran.

H. C.

Paris.

60a — Paysage.

BOUVET (HENRY), né à Lyon, élève de Roll.

Paris, rue Galvani, 20.

61 — Au Pied de la falaise.

BRAUT (ALBERT), né à Roye (Somme), élève de Gustave Moreau.

M. H. Paris 1893. — Méd. argent Amiens 1894.

Paris, rue de Buci, 24.

62 -- Joueur de Mandoline.

BREAUTÉ (ALBERT), né à Paris, élève de Lehmann, O. Merson et Cormon.

M. H. Paris 1889. — Méd. 3e cl. 1892. — Méd. 2e cl. 1893. — H. C. — Méd. or Munich 1893, etc.

Paris.

63 — Liseuse.

BRÉFORT (ANTONIN), né à Boulogne-sur-mer (Pas-de-Calais).

Boulogne-sur-Mer, rue Pierre Bertrand, 22.

64 — Le Ruisseau.

BRET-CHARBONNIER (Mme CLAUDIA), née à Lyon (Rhône).

Plusieurs Méd. en Province.

Lyon, rue de l'Hôtel de-Ville, 65.

65 — Dans le Jardin.

BRISSET (ÉMILE), né à Paris, élève de Cabanel et Éd. Detaille.

Paris, rue Pergolèse, 48.

66 — A la Revue.

BROUX (SILAS), né à Roubaix (Nord), élève de J. J. Weerts.

Roubaix, rue Dammartin, 93.

67 — Lendemain de Fête.

BUFFET (AMÉDÉE), né à Paris, élève de Jules Lefebvre et T. R. Fleury.

M. H. Paris 1894.

Paris, rue Cauchoix, 3.

68 — Paysage.

BUISSON (EUGÈNE ALPHONSE MARIE), né à Hallencourt (Somme), élève de Bonnat.

Méd. bronze Amiens 1894.

Amiens, rue Gloriette, 18.

70 — Etude Paysage.
71 — Plaine des Tombeaux (Hué).

BURGKAN (Mlle BERTHE), élève de G. Boulanger, J. Lefebvre, T. Robert Fleury et Benjamin Constant.

M. H. Paris 1885 et E. U. 1889.

Paris.

72 — Jeune Cigale.

BUSSON (CHARLES), né à Montoire (Loir-et-Cher), élève de Français.

O. ✻.

Paris, rue des Fourneaux, 9.

73 — Les Moulins d'Artuis près Montoire (Loir-et-Cher).

CABANE (ÉDOUARD), né à Paris, élève de Bouguereau.

Second grand Prix de Rome 1884. — M. H. Paris 1886, E. U. 1889 et Lyon 1894.

Paris, rue Bonaparte, 84.

74 — Sainte Madeleine.

CABANE (NEMORIN).

M. H. Paris.

St-Didier, (Vaucluse).

75 — Chrysanthèmes.

CABUZEL (AUGUSTE HECTOR), né à Bray-sur-Somme (Somme), élève de H. Vernet, L. Cogniet, Pils et Toulmouche.

Méd. argent Amiens 1876. — Rappel 1877.

Paris, rue de Vaugirard, 64.

76 — A la Source.
77 — Une Belle journée.

CACHOUD (FRANÇOIS CHARLES), né à Chambéry (Savoie), élève de G. Moreau et Delaunay.

M. H. Paris 1893, — 1re Méd. Lille 1896.

Paris.

78 — Bord du Lac du Bourget près d'Aix-les-Bains.

(*Voir* DESSINS).

CARL-ROSA (MARIO), né à Loudun (Vienne).

M. H. Paris 1891. — 3e Méd. 1893. — 2e Méd. 1895. — H. C. — ✠ I.

Paris, rue du Bac, 40.

80 — La Seine au Petit-Ménil (été).
81 — La Seine à Notre-Dame-de-la-Garenne (automne).

CARPENTIER (Mlle Madeleine), née à Paris, élève de J. Lefebvre et Luminais.

M. H. Paris. — Méd. argent Amiens.

Paris.

83 — Cerises.

(*Voir* DESSINS).

CARON (Henry Paul Edmond), né à Abbeville (Somme), élève de J. et E. Caudron, Cartier, Rixens.

Méd. bronze Amiens 1892.

Issy, rue du Vivier, 25.

84 — Une Série de onze Etudes réunies en un seul cadre.

(*Voir* Dessins).

CAUCAUNIER (Denis), né à Paris, élève de Pils et J. Lefebvre.

Méd. vermeil Amiens.

Bois-Colombes, (Seine).

85 — Bouderie.

CASPERS (Mlle Pauline), née à Paris.

Méd. argent (Blanc et Noir) Paris, Versailles, etc.

Nogent-sur-Marne, rue de Plaisance, 16, (Seine).

86 — Après la Bénédiction (Le Tréport).

(*Voir* Dessins).

CÉLÉRIER (Edouard), né à Paris, élève de Jules Lefebvre et Delance.

Paris.

87 — Attente.
88 — Etude.

CESBRON (ACHILLE), né à Oran (Algérie).

H. C.

Paris.

89 — Raisins.
90 — Glaïeuls.
91 — Iris.

CHAILLOU (NARCISSE), né à Nantes (Loire-Inférieure), élève de Hebert, Bonnat et Corot.

Rennes, (Ille et-Vilaine).

92 — Au Pardon de Notre-Dame de la Clarté. (Baud Morbihan).
93 — Les Bords de l'Ellée à Quimperlé (Finistère).

CHARDERON (Mlle FRANCINE), née à Lyon (Rhône), élève de Carolus Duran et Henner.

Méd. 2e cl. Lyon 1894.

Lyon, rue du Bât-d'Argent, 33.

94 — En Pénitence.

CHAUVIER DE LÉON (GEORGES ERNEST), né à Paris, élève de Loubon.

Plusieurs Dipl. d'honneur et Méd. en Province. — ✾ A.

Marseille, rue St-Jacques, 39, (Bouches-du-Rhône).

95 — Une Roubine en Camargue.

CHECA (ULPIANO), né à Colmenar de Préja (Espagne).

✻.

Paris, avenue de Villiers, 18, chez M. Eliot.

96 — Cavalcade à Bagnères-de-Bigorre.
97 — Vieille femme à l'Eglise.

CHEVALIER (ERNEST JEAN), né à La Rochelle (Charente-Inférieure), élève de Gervex, Humbert et Roll.

Méd. bronze Amiens 1894. — Méd. or Rouen 1895.

Paris, rue Caulaincourt, 3 bis.

98 — Cimetière de Perros-Guirec.

CHOQUET (JULES CHARLES), né à Paris, élève d'Harpignies et Bergeret.

M. H. Paris 1888. — Méd. bronze E. U. 1889.

Paris, quai d'Anjou, 13.

99 — Nature morte.
100 — Soleil couchant.

CLAUDE (EUGÈNE), né à Toulouse.

M. H. Paris 1880. — Méd. 3e cl. 1887. — M. H. E. U. 1889. — ✿ A. — H. C.

Asnières, rue de Châteaudun, 90 et Paris, rue Fontaine, 37.

101 — Le Printemps. L'Eté. L'Automne (paravent).
102 — A l'Office. Les Poulets rôtis.

CLAVEL (Emile), né à Paris, élève de C. Kuwasseg.

☼.

Suresnes, (Seine).

103 — Novembre.
103[a] — Clair de lune.

COBIANCHI (Iginio), né en Italie.

Paris, rue Bayen, 33.

104 — Souvenir d'Italie.
105 — Les Bords de l'Oise.

COEYLAS (Henry), né à Joinville-le-Pont (Seine), élève de Pils, Boulanger, Jules Lefebvre,

Plusieurs Méd. en Province. — M. H. E. U. 1889.

Paris, rue du Jour, 5.

106 — Retirés des Affaires.

COGNIET (Marcel Hippolyte Adrien), né à Paris, élève de Louis Le Poittevin.

Paris, avenue d'Antin, 37.

107 — Chez le Sabotier.

COIGNET (Mlle MARIE), née à Honfleur (Calvados), élève de Guillaume Fouace.

Méd. argent Carcassonne 1894.

Paris, avenue des Gobelins, 67.

108 — Nature morte.

COLIN-LIBOUR (Mlle URANIE), née à Paris, élève de Rude, Ch. L. Muller et F. Bouvin.

M. H. Paris 1880 et E. U. 1889.

Paris, passage Alfred Stevens, 10.

108a — A l'Atelier.

CONINCK (Mlle AUGUSTINE DE), née à Paris, élève de son père et de sa sœur.

Amiens, rue Voiture, 25.

108b — Frileuse.
108c — Raisin et Mimosa.

CONINCK (PIERRE LOUIS JOSEPH DE), né à Meteren (Nord), élève de Léon Cogniet.

H. C. Paris. — ✻ 1890.

Amiens, rue Voiture, 25.

108d — Portrait de Mme F...
108e — Trois tableaux sur un panneau : Alsace ou l'Amie des oiseaux, la Bague (Campagne de Naples), Charmeur (Campagne de Rome).

(*Voir* SCULPTURE).

CONINCK (Mlle RÉGINA DE), née à Paris, élève de son père et de Bonnat.

Méd. Rouen. — Méd. argent et vermeil Amiens.

Amiens, rue Voiture, 25.

108f — La première communion.
108g — Iris noirs et pivoines.

(*Voir* DESSINS).

CONSTANTIN (Mme Adèle), née à Mulhouse.

Plusieurs Méd. en Province.

Paris, boulevard de Clichy, 60.

109 — Vieux Marins.

CORBINEAU (AUGUSTE CHARLES), né à Saumur (Maine-et-Loir), élève de Hébert et J. Lefebvre.

Paris, rue Hégésippe Moreau, 15.

110 — Tricoteuse Sablaise, Sables-d'Olonne (Vendée).
111 — Faiseuse de Filet, Sables-d'Olonne (Vendée).

COUTY (JEAN FRÉDÉRIC), né à Issoudun (Indre), élève de G. Brion et Luminais.

Plusieurs Méd. en Province.

Paris, rue Lemercier, 69.

112 — Déjeuner de Bébé.
113 — Giroflées.

DABADIE (Henri), né à Pau (Basses-Pyrénées), élève de Delaunay, G. Moreau, Henri Lévy.

M. H. Paris 1895.

Paris.

114 — Crépuscule, route du Viel Onival (Somme).

DAGNAC-RIVIÈRE (Charles Henri Gaston), né à Paris, élève de G. Boulanger et Jules Lefebvre.

Paris, rue Denfert-Rochereau, 37.

115 — Place du Marché à Bou-Saâda.
116 — Rue de la Mosquée à Bou-Saâda.

DAINVILLE (Maurice), né à Paris, élève de G. Boulanger, J. Lefebvre et L. O. Merson.

Méd. bronze Amiens 1894. — M. H. Paris 1895.

Paris, rue de Fleurus, 35 bis.

117 — Chardons. Effet du matin.
118 — Un chemin d'Auvers-sur-Oise à l'automne.

(*Voir* Dessins).

DAMBOURGEZ (Edouard), né à Pau (Basses-Pyrénées), élève de Jules Lefebvre.

M. H. Paris 1888.

Paris, rue Meslay, 55.

119 — Cueva de Gitanes à Grenade (Espagne)
120 — Marchandes aux Halles à Paris.

DANGER (Henri Camille), né à Paris, élève de Gérome et A. Millet.

Grand Prix de Rome. — H. C.

Paris, faubourg St-Honoré, 235.

121 — Chasseresse.
122 — Héro.

... Elle m'est à jamais présente
Cette silencieuse nuit
Où vers toi je nageai sans bruit
Sur la mer calme et transparente.
De Phœbé la pâle clarté
Blanchissait l'onde et le rivage;
Là, j'entrevoyais ton visage,
Ta robe et ton voile argenté...

Héro et Léandre : Lettres à Emilie.

Demoustier.

DARASSE (Georges P. J.), né à Paris.

✿ A. — M. H. 1892. — M. H. Amiens 1892.

Villefranche-sur-mer, villa Bellevue, (Alpes-Maritimes)

123 — Côte d'Azur (environs de Nice).

DARBOUR (Mlle Ernestine), née à Paris, élève de J. Lefebvre et T. R. Fleury.

M. H. Paris 1894.

Paris.

124 — Retour du premier Bal.
125 — Le Baiser.

DARIEN (HENRY), né à Paris.

M. H. et Prix de l'Institut Paris 1889.

Paris, boulevard St-Michel, 113.

126 — Vue du Tréport.
127 — Raisins.

(*Voir* DESSINS).

DAUPHIN (EUGÈNE), né à Toulon (Var).

M. H. Paris 1887. — 3e Méd. 1888. — Méd. bronze E. U. 1889. — H. C. — ✻ 1895.

Paris, rue Jouffroy, 63.

128 — A Toulon.
129 — Clair de lune (Méditerranée).

DECAMPS (ALBERT), né à Allery (Somme), élève de Vollon.

Plusieurs Méd. en Province. — M. H. Paris.

Allery, (Somme).

130 — Vue de l'ancien Hôtel-Dieu et de l'église Saint-Wulfran d'Abbeville.

DEFAUX (ALEXANDRE), né à Paris.

H. C. Paris, ✻.

Paris, avenue de Villiers, 18.

131 — Marécage.
132 — Les longs Rochers à Fontainebleau.
133 — Le Printemps.

(*Voir* DESSINS).

DELACROIX (HENRY E.), né à Solesmes (Nord), élève de Cabanel.

Méd. argent E. U. 1889. — ✻. — H. C.

Paris, rue de Douai, 22.

134 — Un carnier plein n'est jamais lourd.
135 — Rien n'est lourd comme un carnier vide.

DELACROIX-GARNIER (Mme PAULINE), née à Paris, élève de J. Garnier, Henry et E. Delacroix.

M. H. Paris 1895.

Paris, rue de Douai, 22.

136 — Sur la Terrasse.
137 — Lecture interrompue.

DELAVOIPIÈRE (PHILIPPE ALFRED), né à Chartres (Eure-et-Loir).

Paris, rue des Dames, 4.

138 — Belles angevines.

DELCUPE (PIERRE), né à Amiens, élève de Bonnat.

Amiens, rue de Cerisy, 27.

139 — Portrait de M. X...
140 — Paysage.

DÉMAREST (ALBERT GUILLAUME), né à Rouen (Seine-Inférieure), élève de J. P. Laurens.

M. H. et Méd. Paris.

Paris.

142 — En l'absence de Grand'Mère.

DÉMÉ (EMILE), né à La Rochelle (Charente-Inférieure), élève de De Grand-Prêt.

Plusieurs Méd. en Province.

Paris, place de la Madeleine, 3 et Tarbes rue des Grands Fossés, 55, (Hautes-Pyrénées).

143 — Le soir, bois du Commandeur (Environs de Tarbes).

DEMONT (ADRIEN LOUIS), né à Douai (Nord), élève de Jules et Emile Breton.

H. C. — ✱ et de plusieurs ordres étrangers.

Montgeron, (Seine-et-Oise).

145 — Ode à la lune.

DEMONT-BRETON (Mme VIRGINIE), née à Courrière (Pas-de-Calais), élève de Jules Breton.

M. H. Paris 1880. — Méd. 3e cl. 1881. — Méd. 2e cl. 1883. — Méd. or E. U. 1889. — H. C. — Méd. or E. U. Amsterdam 1883. — Méd. d'honneur E. U. Anvers 1894. — ✱. — Officier du Nicham Iftikar.

Montgeron, (Seine-et-Oise).

146 — La Kouba d'El Kantara. (Appartient à M. X.).
147 — Nègre à Biskra. (Appartient à M. D.).

DESGOFFE (Blaise), né à Paris.

✻.

Paris, rue Dutot, 1.

148 — Sablonnière.
149 — Enfant sur un tertre.

DESMARQUAIS (Charles Hippolyte), né à Bouroy (Seine-et-Oise), élève de son frère.

Méd. bronze Amiens. — M. H. E. U. 1889. — Méd. 3e cl. Paris 1893.

Clamart, rue de Sèvres, 31 bis, (Seine).

150 — Cabane de Bûcheron en forêt.
151 — Le Sentier de la Coulée.

DESPLANQUES (Alfred), né à Tourcoing (Nord), élève de Carolus Duran et de J. J. Weerts.

Méd. 2e cl. Lille 1893. — 1896.

Tourcoing, rue du Haze, 104, (Nord).

152 — Avant le Café.

DETURCK (Henri Emile), né à Bailleul (Nord), élève de Colas et Cabanel.

Méd. bronze Angers 1895.

Coutances, (Manche).

153 — Tête d'étude.
154 — La Convalescente.

DEULLY (Eugène Auguste François), né à Lille (Nord), élève de Gérome et Glaize.

M. H. Paris 1888. — Méd. 3e cl. 1889. — 1re Méd. 1892. — H. C.

Paris, impasse du Maine, 9.

155 — Portrait de Léon Duvauchel.

DEZOBRY (Arthur Henri Louis), né à Montmorency (Seine-et-Oise), élève de Segé, Boulanger et Jules Lefebvre.

Méd. bronze Amiens 1887.

Montmorency, (Seine-et-Oise).

156 — Le Lac de Joux (canton de Vaud).

DIDIER (Jules), né à Paris, élève de Léon Cogniet et Jules Laurens.

Premier Grand Prix de Rome 1857. — H. C.

Paris.

157 — Labourage.
158 — Cerf à l'eau.

DIDIER-POUGET, né à Toulouse (Haute-Garonne), élève de A. Baudit, Auguin et Maxime Lalanne.

M. H. Paris 1890. — ✿ A. — Méd. en Province.

Paris, boulevard de Clichy, 12.

159 — Le Matin : Etang de Triel (Seine-et-Oise).
160 — Route de Biarritz à Saint-Jean-de-Luz.

DONNADIEU (Mlle JEANNE), née à Paris, élève de Feyen-Perrin et Lévy.

M. H. Paris. — Méd. vermeil, argent, etc., en province.

Paris, rue Victor Massé, 17.

161 — Souvenirs.

(*Voir* DESSINS).

DORGEVILLE (Mlle MARGUERITE), née à Montdidier.

Montdidier, rue des Halles-aux-Draps.

161a — Pavots.

(*Voir* DESSINS).

DOTTIN (CHARLES), né à Paris, élève de Léon Cogniet.

Oissy, (Somme).

162 — Château d'Oissy (intérieur).

DOUDEMENT (GUSTAVE EMILE), né à Rouen, élève de G. Boulanger et Jules Lefebvre.

Méd. Rouen. — Méd. bronze Amiens.

Paris, rue de La Rochefoucauld, 58.

163 — Arrivée d'un Bâteau de pêche de harengs.
164 — A l'heure du bain.

DE DRAMARD (GEORGES), né à Bretteville-sur-Dives (Calvados).

✻.

Paris, faubourg St-Honoré, 157.

165 — Le Port de Dives.

DUBOURG (Mme FANTIN-LATOUR, née VICTORIA), née à Paris.

M. H. Paris 1894. — Méd. 3e cl. 1895.

Paris.

166 — Roses.

DUCHEMIN (DANIEL), né à Segré (Maine-et-Loire), élève de Beauvais et Busson.

Paris, rue de Vaugirard, 103.

167 — Chaumière abandonnée (Côtes-du-Nord).
168 — Paysages de Seine-et-Oise (quatre panneaux dans un passe-partout).

DUCHÊNE (CHARLES), né à Bruxelles (Belgique), élève de Joseph Stevens.

M. H. Paris 1895.

Paris, place Péreire, 7.

169 — Heureuse famille.
170 — A qui commencera ?

DUPAIN (Edmond Louis), né à Bordeaux (Gironde), élève de Cabanel.

Méd. 3e cl. Paris 1875. — Méd. 1re cl. 1877. — H. C. — ✻ 1894.

Paris, boulevard Montparnasse, 152.

171 — La Fin du Déjeuner (Meudon).
172 — La Plaine à Barbizon.

DUTHOIT (Adrien), né à Amiens, élève de Edm. Duthoit et P. V. Galland.

M. H. Amiens 1890.

Paris, rue de Vaugirard, 195.

173 — Le dernier Rayon.

(*Voir* Dessins).

DUTHOIT (Paul), né à Lille (Nord).

M. H. Amiens 1890. — Méd. or Angers 1895.

Paris, rue Chaptal, 7.

174 — Le Puits.
175 — Vieille Bretonne de Douarnenez.

EMERELLE (Albert), né à Amiens.

Paris, rue du Poteau, 24.

176 — La Marne à Noisy-le-Grand.

FAGE (ACHILLE), né à St-Plancard (Haute-Garonne), élève de l'Ecole des Beaux-Arts de Toulouse.

Amiens.

177 — Chasse de marais.

FATH (RENÉ MAURICE), né à Paris, élève de Cabanel et Bernier.

M. H. Paris 1887 et E. U. 1889 — Méd. 3e cl. 1894.

Maisons-Laffitte, (Seine-et-Oise).

178 — Le Chemin creux sous bois.
179 — L'Orage.

FAUGERON (ADOLPHE), né à Paris, élève de Albert Maignan.

Paris, rue de la Reine-Blanche, 12.

180 — Le Pont de Moret sur Loing.

FIJAN (Mlle SUZANNE), née à Paris.

Paris, rue de Rivoli, 222.

181 — Fantaisie.
182 — Etude.

FLANDRIN (PAUL), né à Lyon (Rhône), élève de Ingres.

Méd. de 3e, 2e et 1re cl. — H. C. — ✱.

Paris, rue Garancière, 10.

183 — Un Sentier sur les hauteurs de Sèvres (Seine-et-Oise).

FLEURY (Mme FANNY), née à Paris, élève de Henner et Carolus Duran.

Paris, rue Victor Massé, 39 bis.

184 — A Roscoff.

(*Voir* DESSINS).

FONTAINE (Mlle JENNY), née à Arras, élève de Jules Lefebvre.

Paris, rue du Louvre, 15.

185 — Portrait de Madame H. fille du général Jeanningros.

186 — Portrait de M. le général Jeanningros.

(*Voir* DESSINS).

FORMANT (EDMOND HENRI PAUL), né à Paris, élève de Gérome.

1re Méd. Versailles. — Méd. bronze Amiens.

Paris, rue Victor Chevreuil, 2.

187 — Cour commune à Osny (Seine-et-Oise).

188 — Lac de Saint-Mandé en hiver (Neige).

FOUCAUCOURT (Bon DE), né à Belloy-en-Santerre (Somme).

Paris, boulevard St-Germain, 272 et Amiens, Hôtel du grand Commandement.

189 — Le Lac du Bourget (Savoie).

FOULD (Georges Achille), né à Paris, élève de Léon Comerre et Vollon.

M. H. Paris 1894. — Méd. 3e cl. 1895. — 2e Méd. Versailles.

Paris.

190 — Marchande de Pommes de terre frites.
191 — Elle.

FOULQUIER (Valentin), né à Paris, élève de Jules Dupré.

Méd. 3e cl. Paris 1882, Versailles 1894 et 1895.

L'Isle-Adam, (Seine-et-Oise).

192 — Une Servante.

FRANÇAIS (François Louis), né à Plombières (Vosges).

H. C. Méd. d'honneur E. U. 1878. — Méd. d'honneur 1890. — C. ✻. — Membre de l'Institut.

Paris, boulevard Montparnasse, 139.

193 — Crépuscule sous-bois (Bords de la Sèvre à Clisson).

(*Voir* Dessins).

FRANCQUEVILLE (Jean de), né à Amiens. élève de Bouguereau, T. R. Fleury et De Coninck.

Wargnies, (Somme).

194 — Sainte Ulphe et Saint Domice.
195 — Dans les Champs.

(*Voir* Dessins).

FRAPPA (José), né à Saint-Etienne.

H. C.

Paris, rue Pergolèse, 12 bis.

196 — Le Déjeuner.
197 — Le Christ au Jardin des Oliviers.

FRICK (Paul de), né à Paris, élève de Boulanger et L. O. Merson.

Paris, boulevard St-Germain, 204.

198 — Vision (Lagune de Venise).
199 — Le Canal Saint-Georges, Venise.

FURCY DE LAVAULT (Albert Tibulle), né à Saint-Genis (Charente-Inférieure), élève de Corot.

M. H. Paris 1888. — Méd. en Province.

La Rochelle, (Charente-Inférieure).

200 — Roses-trémières.

GAGLIARDINI (Gustave), né à Mulhouse.

H. C. — ✻.

Paris, boulevard de Clichy, 12.

201 — Une Rue en Dauphiné.
202 — Un Coin du littoral Méditerranéen.

GAGNEAU (Léon), né à Paris, élève de Pils et J. Lefebvre.

Paris.

203 — La Jardinière.

GAMAND (Mlle Alice), née à Amiens, élève de De Coninck et Stiévenart.

Amiens, rue Dhavernas, 3.

204 — Tête de jeune fille (étude).

GAMAND (Mlle Lucie), née à Amiens, élève de Mlle De Coninck et de Stiévenart.

Amiens, rue Dhavernas, 3.

205 — Pour une fête.
206 — Chrysanthèmes.

GARAUD (Gustave), né à Toulon (Var), élève de Français.

Méd. 3e cl. Paris 1889. — Méd. 2e cl. 1893. — H. C.

Paris, rue Notre-Dame des Champs, 117.

207 — Dans les Bois de Cernay.

GARCIN (Mlle Jeanne), née à Lyon (Rhône), élève de Benjamin Constant et J. Lefebvre.

3e Méd. Lyon 1890. — 2e Méd. 1892. — Méd. argent E. U. 1894. — 1re Méd. 1894. — H. C. à Lyon.

Lyon, rue Childebert, 30, (Rhône).

208 — Une Lettre amusante.

GARCIN (Mlle HÉLÈNE), née à Lyon (Rhône), élève de Henner et Carolus Duran.

2e Méd. Lyon.

Lyon, rue Childebert, 50.

209 — Modernité.

GARDANNE (AUGUSTE), né à Paris, élève de Yvon et Pils.

Plusieurs Méd. et Diplômes en Province.

Levallois, rue Poccard, 9, (Seine).

210 — Chevaux à la baignade.

GASCARD (LÉON MARIE GEORGES), né à Fignières (Somme).

Paris.

211 — Fromages.

GAUDIBERT (AUGUSTE JEAN). né à Orange (Vaucluse), élève de J. Lefebvre et T. R. Fleury.

Paris.

212 — Le Port de Marseille (marine).

GEILLE DE SAINT-LÉGER (LÉON), né à Alger, élève de Lehmann, Merson et Demont.

Paris, rue Denfert-Rochereau, 83.

213 — Arrivée des Barques de pêche le matin à Concarneau (Finistère).
214 — Une Rue de Bou-Saada.

(*Voir* DESSINS).

GÉLIBERT (JULES BERTRAND), né à Bagnères-de-Bigorre (Hautes-Pyrénées).

H. C. Paris. — Méd. en Province.

Capbreton, (Landes).

215 — Prise d'un Renard blessé.

GILBERT (VICTOR), élève de Busson et Adan.

Méd. 2e cl. Paris 1880. Méd. argent E. U. 1889. H. C.

Paris, rue Victor Massé, 26, et chez M. Eliot, avenue de Villiers, 18.

216 — L'Ecaillère.

GIRARD (ALBERT), né à Paris, élève de son père.

H. C. — ※.

Paris, rue de Courcelles, 69.

217 — Un Marais à Longpré (effet de brouillard).

(*Voir* DESSINS).

GIRARDET (JULES), né à Paris, élève de Cabanel.

3e Méd. Paris 1881. — Méd. argent E. U. 1889. — A. ✿, ✻.

Paris, rue Théophile Gautier, 55.

218 — Chasse au marais.

GOGOIS (EMILE), né à Chéroy (Yonne).

Amiens, (Somme).

219 — Paysage (rochers).
220 — Paysage.

(*Voir* SCULPTURE).

GORGUET (AUGUSTE FRANÇOIS), né à Paris, élève de Boulanger, Gérome et Bonnat.

H. C.

Paris.

221 — La Vague et la Perle.

GOSSELIN (ALBERT), né à Paris, élève de Harpignies, J. Lefebvre et H. Le Roux.

M. H. Paris.

Paris, avenue de Breteuil, 63.

222 — Matin dans la prairie.

GRASSET (Auguste), né à Vitry-le-François (Marne), élève de Corot et Daubigny.

M. H. Versailles 1894. — 2e Méd. Tunis 1896.

La Varenne, (Seine).

223 — Un Bord de Marne à la Varenne.
224 — Les environs de la plage de Trégastel.

GRELLET (Athanase Alexandre), né à Vienne (Isère), élève de Horace Vernet et F. Barrias.

M. H. Paris 1863. — Méd. argent Amiens 1880.

St-Maur-lès-fossés, (Seine).

225 — Triptyque.

(*Voir* Dessins).

GRÉMONT (Mlle Berthe), née à Amiens, élève de Mlle Marie Martin.

Amiens, (Somme).

226 — Corbeille de Roses.
226a — Pensées.

GUELDRY (Joseph Ferdinand). né à Paris, élève de Gérôme.

H. C.

Paris, rue de Clichy, 54.

227 — En promenade sur la Marne.
228 — Le cardinal Volsey (Hampton-Court).

GUENARD (Octave), né à Amiens, élève de Jules Lefebvre et A. Sauzay.

Méd. bronze et argent Amiens.

Amiens, rue des Stes-Maries, 10.

229 — Après la pluie (Perche).
230 — Coin de village (Seine-et-Marne).

GUILLAUME (R. M.), né à Tours, élève de J. Lefebvre, Bouguereau, T. Robert Fleury Ferrier et Baschet.

Méd. Angers.

Paris, rue Lesieur, 18.

231 — Eclaboussée avec des fleurs.

GUILLEMET (J.-B. Antoine), né à Chantilly.

H. C. — ✻ O.

Paris, rue Clausel, 6.

232 — La Mer à Barfleur.

GUILLON (Eugène Antoine), né à Paris, élève de H. Flandrin.

M. H. Paris E. U. 1889.

Paris, rue Méchain, 10.

233 — Petite Fille à la poupée.

GUYON (Mlle MAXIMILIENNE), née à Paris, élève de J. Lefebvre, Boulanger et R. Fleury.

Méd. 3e cl. Paris 1888. Méd. 2e cl. E. U. 1889. H. C.

Paris, rue Alphonse de Neuville, 9.

233a — Pierrot ivrogne.

(*Voir* DESSINS).

HAIN (Mlle MARGUERITE), née à Rouen, (Seine-Inférieure), élève de l'école des Beaux-Arts de Rouen.

Plusieurs Méd. en Province.

Rouen.

234 — Panier de Fleurs des Champs.

HAUTOY (Mlle MARIE DU), née à Amiens, élève de Mme Démarquest-Crauk et de Jules Lefebvre et Tony Robert Fleury.

M. H. Amiens.

Paris, passage Lepic, 3.

235 — Mlle N. du H.
236 — Italienne (étude).

(*Voir* DESSINS).

HODEBERT (LÉON AUGUSTE CÉSAR), né à Saint-Michel-sur-Loire (Indre-et-Loire).

Plusieurs Méd. argent, vermeil et or en Province. — Diplôme d'honneur Avignon.

Paris, boulevard Vaugirard, 114.

237 — Biblis.

(*Voir* DESSINS).

HUAS (PIERRE), né à La Rochelle (Charente-Inférieure), élève de Elie Delaunay.

Paris.

238 — Chrysanthèmes d'amateurs.

ISENBART (EMILE), né à Besançon.

H. C. Paris.

Besançon-Beauregard.

240 — Matinée de Printemps.
241 — Soir d'Automne.

IWILL (MARIE JOSEPH), né à Paris, élève de Lansyer.

Paris.

242 — Le Ruisseau.
243 — Une rue, la nuit, à Chioggia (Italie).
(*Voir* DESSINS).

JACOMIN (ALFRED LOUIS), né à Paris, élève de son père.

Plusieurs Méd. en Province et à l'Etranger.

Chatou, rue de la Liberté, 13, (Seine-et-Oise).

244 — Le Cithariste.
244[a] — Docteur Purgon.

JAMIN (Paul), né à Paris, élève de J. Lefebvre et Boulanger.

M. H. 1882. — Méd. bronze E. U. 1889.

Paris, boulevard des Batignolles, 82.

245 — Pendant la Guerre.
246 — L'Eté.

JAPY (Louis), né à Berne (Doubs), élève de Français.

Méd. Paris 1870. — 2e Méd. 1873. — H. C. — 2e Méd. E. U. 1889.

Paris, avenue de Villiers, 91.

247 — Le Passeur.
248 — Lever de Lune.

JAUGEY (Mlle Jeanne).

Ruel, avenue de Nanterre.

248a — Portrait de Mme B...

JEANNIN (Georges), né à Paris.

Méd. 3e cl. Paris 1878. — Méd. 2e cl. 1888. — Méd. 3e cl. E. U. 1889. H. C.

Paris, rue des Dames, 32.

248b — Etude de Roses.
248c — Pavots simples.

JOSÉ (Claude), né à Lyon (Rhône), élève de Allongé.

Nice, (Alpes-Maritimes).

249 — Loisirs du Camp.

(*Voir* Dessins).

JONAS (Charles), né à Paris, élève de Clairin et Petitjean.

Méd. argent Amiens 1895.

Paris, cour de Rohan, 3.

250 — La Seine vue des tours de Notre-Dame.
251 — Les Mouettes.

JUBAULT (Mlle Jeanne), née à Saint-Brieuc (Côtes-du-Nord), élève de Mlle Marie Martin.

Amiens.

252 — Lilas et Cytise.
253 — Chrysanthèmes.

KESZLER (Mlle Yvonne), née à Versailles (Seine-et-Oise), élève de J. Lefebvre et T. Robert-Fleury.

Paris, rue de La Rochefoucauld, 58.

254 — Orientale.

KREYDER (Alexis), né à Andlau (Alsace), élève de Français.

Méd. Paris 1867. — Méd. 2e cl. 1884. — Méd. argent E. U. 1889.

Paris, passage Stanislas, 11.

255 — Panier renversé.
256 — Fleurs de Printemps.

KUWASSEG (Charles), né à Draveil, (Seine-et-Oise), élève de son père et d'Isabey.

Méd. 3e cl. Paris 1892.

Paris, rue des Dames, 32.

257 — Remorqueur, Port d'Ostende. (Effet de matin)
258 — Lever de Lune sur l'Escaut près d'Anvers (Belgique).

KUYPER (Pierre de), né à Kralingen (Hollande) élève de Émile Van Marcke.

Méd. or Angers 1895.

Paris, place Péreire, 7.

259 — Un Coin dans la vallée d'Auge.

LABITTE (Eugène Léon), né à Clermont (Oise), élève de Cormon.

Méd. bronze Amiens.

Concarneau, (Finistère).

260 — Faneuse (Bretagne).
261 — Mousse Breton.

LAGREVE (Mme CHARLOTTE).

Paris, rue de la Bienfaisance, 35.

261a — Tête de Moine.
261b — Nature morte.

LANDELLE (CHARLES), né à Laval (Mayenne).

Méd. Paris 3e 2e, 1re cl. — ✻. — H. C.

Paris, quai Voltaire, 21.

262 — La Poterie, Algérie du Sud.
263 — Le Tissage, Algérie du Sud.

LANDRÉ (Mlle LOUISE AMÉLIE), née à Paris, élève de Chaplin, Barrias et Foubert.

Paris, faubourg St-Honoré, 233.

264 — Mon modèle.

LA TOUCHE (GASTON), né à St-Cloud.

Méd. 3e cl. Paris 1884. — Méd. 2e cl. 1888 et E. U. 1889. — H. C. — Plusieurs Méd. en Province.

St-Cloud, (Seine-et-Oise).

265 — Jour de fête.

LAUGÉE (GEORGES), né à Montivilliers (Seine-Inférieure), élève de son père, de Pils et Lehmann.

M. H. Paris 1880. — Méd. 3e cl. 1881. — Méd. bronze E. U. 1889. — H. C.

Paris.

266 — Au printemps de la vie.

LAURENS (Jules Joseph Augustin), né à Carpentras (Vaucluse), élève de son frère, J. Bonaventure Laurens.

H. C. — ✻.

Carpentras.

267 — Garrigues des Monts-de-Vaucluse.
268 — Fleurs.

LAURENS (Jean Paul).

H. C. — Méd. d'honneur 1877. — O. ✻. — Membre de l'Institut 1891.

Paris, rue N.-D. des Champs, 73.

269 — Moine.
270 — Bourreau et Victime.
271 — Héraut d'armes.
272 — Le Billot.
(Études pour les peintures murales de l'Hôtel-de-Ville de Paris).

LAURENT-DESROUSSEAUX (Henri), né à Joinville (Seine), élève de Al. Maignan.

M. H. Paris 1885. — Méd. 3e cl. 1886. — Méd. E. U. 1889. — Méd. 2e cl. 1894. — H. C.

Paris.

273 — Le vieux mur.
274 — La Veille de la Fête.

(*Voir* Dessins).

LAUVERNAY (Mlle JEANNE), née à Amiens.

Méd. bronze Amiens 1894.

Paris, rue de Rennes, 148.

275 — Poissons.
276 — Melon et Prunes.
(appartient à Mme B.).

(*Voir* DESSINS).

LA VILLETTE (Mme ELODIE), née à Strasbourg, élève de Coroller.

Méd. 3e cl. Paris 1875. — Méd. 3e cl. E. U. 1889. — H. C. — ✿ A.

Lorient, (Morbihan).

277 — Le Train de Quiberon à l'Isthme de Penthièvres (Morbihan).
278 — Port-Blanc. Quiberon.

LE BARGY (ANDRÉ), né à Lille (Nord).

Paris.

279 — Nature morte.

LEBLOND (HENRI LOUIS), né à Amiens, élève de Ch. Crauk.

Méd. bronze Amiens.

Amiens.

280 — Portrait d'enfant.
281 — Bords de la Somme.
282 — Le petit Sentier.

LE CARPENTIER (ALEXANDRE), né à Caen (Calvados), élève de Jules Lefebvre et Benjamin Constant.

Paris.

283 — A l'étau.
284 — Dans les bois fleuris.
285 — Saint-Vaast-la-Hougue (Manche).

LECLERCQ (THÉODORE), né à Oresmaux (Somme), élève de Monginot.

Méd. bronze Amiens 1885.

Paris, boulevard Montparnasse.

286 — A la Casserole.
287 — Nature morte.

LECLÈRE (THÉODORE), né à Paris, élève de Pils.

Paris, rue Navarin, 16.

288 — Une Poivrade.

LECOCQ (Mlle HENRIETTE), née à Paris, élève de Juillerat et Attendu.

Plusieurs Méd. en Province.

Paris, rue Thénard, 6.

289 — 4 francs la botte.

(*Voir* DESSINS).

LECOMTE (Mlle ALICE), née à Corbeil (Seine-et-Oise), élève de Edouard Sain, Carolus Duran.

Parc St-Maur (Seine).

290 — Tête de Nègre (étude).

LEFÈVRE (HIPPOLYTE), né à Aubusson (Creuse).

Amiens, (Somme).

291 — Fleurs (panneau décoratif).
292 — Fragment d'une tenture de salle à manger.

(*Voir* DESSINS).

LEFORT (EDOUARD AUGUSTE), né à St-Sauveur, (Manche), élève de David-Riquier.

Amiens, rue Laurendeau, 66.

292[a] — La rue Basse des Tanneurs, Le Matin, Amiens.

LE GOUT-GÉRARD (FERNAND MARIE EUGÈNE), né à St-Lô (Manche),

Plusieurs Méd. en Province et à l'Etranger.

Paris, rue de la Victoire, 32.

293 — Coucher de soleil (baie de Cancale).
294 — Quai de la Chaume (Sables-d'Olonne).

LE GRAND (P. Édouard), né à St-Pierre-lès-Nemours (Seine-et-Marne), élève de Luminais.

Paris, avenue de Breteuil, 18.

295 — Lisière de bois, matinée de printemps.

LE LIEPVRE (Maurice), né à Lille (Nord), élève de Harpignies et J. P. Laurens.

H. C.

Paris, rue N.-D. des Champs, 73.

296 — Plaine en octobre.
296[a] — Paysage.

LEMAIRE (Louis), né à Paris, élève de Jules Dupré.

Méd. 3e cl. Paris.

Paris, rue Rochechouart, 67.

297 — Bouquet de Pavots dans un vase japonais.
298 — Lilas et Tulipes.

LE MAINS (Gaston), né à Tours (Indre-et-Loire), élève de Lehmann et Guillemet.

Plusieurs Méd. en Province.

St-Cloud, rue du Calvaire, 16, (Seine-et-Oise).

299 — En allant aux Champs (étude).

(*Voir* Dessins).

LEMAITRE (Mme Marie), née à Paris, élève de Henner et Carolus Duran.

Méd. Boulogne et Londres.

Paris.

300 — Printemps.

LEMATTE (Fernand), né à St-Quentin (Aisne), élève de Cabanel.

Grand Prix de Rome 1870. — M. H. 1872. — Méd. 3e cl. 1873. — Méd. 1re cl. 1876. — M. H. E. U. 1878. — Méd. E. U. 1889. — H. C.

Toislay par Nonancourt. (Eure).

301 — Silence.

LE POITTEVIN (Louis), né à La Neuville-Champ d'Oisel (Seine-Inférieure), élève de William Bouguereau.

M. H. Paris 1883. — Méd. 3e cl. 1886. — 2e cl. 1888. — Méd. E. U. 1889. — Plusieurs Méd. en Province et à l'Etranger.

Paris, rue de Montchanin, 10.

302 — Lever de Lune (environs d'Etretat).
303 — Berge fleurie à Bonnières (Seine-et-Oise).
304 — Premiers jours d'Automne (Bords de Seine).

LEQUIEN (Ulysse), né à Sains (Somme), élève de Herbert et L. O. Merson.

Amiens, boulevard Ducange, 18.

305 — Hortillonne.
306 — Ruines de Boves.

LEROY (Paul Alexandre Alfred), né à Paris, élève de Alexandre Cabanel.

Méd. Paris 3e et 2e cl. — Méd. E. U. 1889. H. C.

Paris, rue Bara, 3.

307 — Coucher de soleil sur l'Oasis (Biskra).

(*Voir* Dessins).

LE SÉNÉCHAL DE KERDRÉORET (Gustave Edouard), né à Hennebont (Morbihan), élève de P. A. Cot et M. Vollon.

M. H. Paris 1881. — Méd. 3e cl. 1883. — 2e cl. 1888. — Méd. E. U. 1889.

Paris, rue N.-D. des Champs, 83.

308 — Flambage d'un bâteau pécheur (Cancale).

LÉVY (Henri Léopold), né à Nancy.

H. C. — ✻.

Paris, boulevard Clichy, 12.

309 — Jésus guidant les Naufragés.
(Tiré de Jésus-Christ en Flandre. — Balzac).

L'HUILLIER (Jacques), né à Paris, élève de Luigi Loir.

Paris, rue de Rennes, 150.

310 — Au bord de la Mer à St-Cast (Côtes-du-Nord).

LIOT (Paul), né à Paris, élève de Guillemet.

Méd. 3e cl. Paris 1895.

Paris.

311 — Marée montante à Locquirec (Finistère).
312 — Les Chaumes.

LIZÉ (Charles), né à Elbeuf (Seine-Inférieure), élève de Gabriel Ferrier et F. Flameng.

Plusieurs Méd. en Province.

Rouen, (Seine-Inférieure).

313 — Plein air.

LOMBARD (Jules), né à Breteuil (Oise), élève de Maillart et Boulanger.

Breteuil-Ville.

314 — Etude d'intérieur.
315 — Etude d'intérieur.

LOUPPE (Mlle Léonie), née à Reims (Marne), élève de Pierre Bourgogne.

Paris.

316 — Dahlias.
317 — Giroflées et Pensées.

LOUTREL (VICTOR JEAN-BAPTISTE), né à Rouen, (Seine-Inférieure), élève de Mouilleron.

M. H. Paris 1889.

Paris.

318 — Mignon et Perroquet.
319 — Un Reître.

LUCAS (PAUL JOSEPH), né à Paris, élève de du Motel et Léon Perrault.

Paris, boulevard Garibaldi, 90.

320 — Baigneuse.

LUCAS-ROBIQUET (Mme MARIE AIMÉE), née à Avranches (Manche), élève de Félix Barrias.

Méd. 3e cl. Paris 1894. — Méd. or Rouen 1895.

Paris, rue Bassano, 28, chez M. Pollard.

321 — Intérieur arabe à Ourellal (Algérie).
322 — Masure arabe.

LUZEAU (FERNAND), né à Cholet (Maine-et-Loire), élève de Gérome et Sautai.

M. H. Paris.

Paris, boulevard Montparnasse, 136.

323 — Le Guitariste.
324 — Temps brumeux sur le Doubs.

MACKIEWICZ (Mlle BERTHE), née à Ars-sur-Moselle (Lorraine), élève de Mme Leclercq-Rouhier, Carpentier, Jules Lefebvre et Maillard.

Méd. Amiens 1894.

Amiens, rue des Augustins, 4.

325 — Au Crépuscule.

(*Voir* DESSINS).

MAIGNAN (ALBERT), né à Beaumont (Sarthe), élève de Luminais.

Méd. 1re cl. Paris 1879. — Méd. or E. U. 1889. — Méd. d'honneur 1892. — ✻. — H. C.

Paris, rue La Bruyère, 1.

326 — La Fortune passe.

MAIGRET (GEORGES EDMOND), né à Paris, élève de Gérome.

Paris, rue des Mathurins, 62.

327 — Barques de pêche.
328 — La Frette.

MAILLARD (EMILE), né à Amiens, élève de Butin, Renouf, Duez et J. Lefebvre.

M. H. Paris 1888, E. U. 1889. — Méd. 1893. — Méd. or. Amiens. — H. C. Amiens.

St-Acheul, Amiens.

329 — Le Soir au large.
330 — Marine.
331 — Marine.

MALFILATRE (Mlle LUCY), née à Paris, élève de Allongé et Le Sénéchal de Kerdréoret.

Paris, rue de Vaugirard, 176.

332 — Soleil couchant.

(*Voir* DESSINS).

MANGIN (MARCEL), né à Cherbourg (Manche), élève de J. P. Laurens et Harpignies.

M. H. Paris 1895.

Paris.

333 — Imperator.

(*Voir* DESSINS).

MARBOTIN (Mlle MARTHE), née à Amiens, élève de Mlle B. Mackiewicz.

Amiens.

334 — Nature morte.

MARÉCHAL (Mlle HÉLÈNE), née à Metz (Alsace-Lorraine), élève de Maréchal de Metz et Allongé.

Paris, place des Ternes, 5.

335 — Automne en forêt.

(*Voir* DESSINS).

MARONIEZ (GEORGES PHILIBERT CHARLES), né à Douai (Nord), élève de A. Demont.

Boulogne-sur-Mer, rue Faidherbe, 101.

335[a] — A la Remorque.

MARTEL (ÉMILE), né à Boulogne-sur-mer, (Pas-de-Calais).

Méd. bronze Amiens.

Boulogne-sur-Mer, rue Grandsire, 14.

336 — En novembre (Boulogne-sur-Mer).

MARTIN (Mlle MARIE), née au Havre (Seine-Inférieure), élève de Mme Démarquet Crauk et Ch. Monginot.

Méd. bronze Amiens.

Amiens, rue Boucher de Perthes, 3.

337 — Retour du Marché.
338 — Prunes et OEillets.
339 — La Cigarette.

(*Voir* DESSINS).

MASSON (ARTHUR ÉDOUARD FÉLIX), né à Beauvais (Oise), élève de Pharaon de Winter.

Pontoise, (Seine-et-Oise).

340 — Dessert maigre.

MATHIEU (CAMILLE JEAN), né à Crenay-sur-Suize (Haute-Marne), élève de L. Tanzi.

✿ A.

Boulogne-sur-Seine, grande Rue, 87.

341 — La Maison du Garde, à St-Cucufa (S.-et-O.).
342 — L'Automne à Garches (Seine-et-Oise).

MATIGNON (ALBERT), né à Sablé (Sarthe), élève de Hébert et Boulanger.

Plusieurs Méd. en Province.

Paris.

343 — Premières Roses.

(*Voir* DESSINS).

MAXENCE (EDGARD), né à Nantes.

M. H. Paris. — Méd. 3e cl.

Paris, avenue de Villiers, 18, chez M. Eliot.

344 — Mélancolie.

MAYET (LÉON), né à Paris, élève de Bonnat et Cormon.

M. H. Paris 1884.

Paris, rue Trévise, 37.

345 — La Fête à Françoise.

MÉLIN DE VADICOURT (Mlle JEANNE), née à Blandecques (Pas-de-Calais), élève de Florimond van Acker.

Méd. bronze Amiens.

Occoches, (Somme).

346 — Fleurs.
347 — Fleurs.
348 — Pivoines.

(*Voir* DESSINS).

METZ (Mme EMILIE DE), née à Paris, élève de Eugène Claude.

Asnières, rue Chanzy, 10, (Seine).

349 — Panier de Prunes.

MOYNIER DE VILLEPOIX (RENÉ), né à Harrancourt (Seine-Inférieure).

Amiens.

350 — Fleurs des Champs.

MOISSET (MAURICE), né à Paris, élève de J. Lefebvre et Ed. Yon.

M. H. Paris 1894.

Paris, rue Viète, 3.

351 — Le Soir dans les Marais.
352 — Marais de Sacy-le-Grand (Oise).

MONGE (Jules), né à Marseille, élève de Cabanel et Ed. Detaille.

M. H. Paris. — Méd. 1re cl. Versailles.

Paris, rue Pergolèse, 12.

353 — En permission.

MONGINOT (Charles), né à Brienne (Aube), élève de Th. Couture.

H. C. Paris.

Paris, rue de Bagneux, 7.

354 — Café.
355 — Une bonne pêche (panneau décoratif.)

MORLON (Antoine Paul Emile), né à Sully-sur-Loire (Loiret).

M. H. Paris 1883. — Méd. 3e cl. 1885. — Méd. 2e cl. 1887. — H. C.

Paris, rue de l'Orient, 9.

356 — Témoins d'un sauvetage (ex-voto).
357 — Barque de pêche talonnant sur un bas-fond.

MONTHOLON (François de), né à Paris, élève de G. Boulanger et J. Lefebvre.

M. H. et Méd. Paris.

Paris, rue des Martyrs, 20.

358 — Coin de Bretagne.
359 — Temps de calme.

MONTCHÉNU (JANE DE), né à Paris, élève de Delance.

Méd. Lyon et Béziers.

Paris.

360 — Un Sacripant.
361 — Fleurs.

MORIN (Mme GABRIELLE), née à Paris, élève de Morlon, Fournier des Corats et Maillard.

Méd. vermeil Amiens.

Doullens, rue des Juifs, (Somme).

362 — Gros temps sur la Manche.
363 — Fin de journée.

MOREAU DE TOURS (GEORGES), né à Ivry (Seine), élève de Cabanel.

Méd. 2e cl. Paris. — Méd. argent E. U. 1889. — ✱.

Paris, rue Claude Bernard, 51.

364 — L'Attente (Souvenir de St-Valery-en-Caux).
365 — Pardon !

MOREAU DE TOURS (Mme), née à Romart, élève de Moreau de Tours.

Paris, rue Claude Bernard, 51.

366 — Nature morte.

MOTELEY (GEORGES), né à Caen (Calvados), élève de Jules Lefebvre et Guay.

Méd. 3e cl. Paris. — Méd. argent Amiens 1894.

Paris, rue Ramey, 47.

367 — Verger en fleurs à Clécy (Normandie).
368 — Gardeuse de bestiaux à Clécy.

MOUTTE (ALPHONSE), né à Marseille, élève de Meissonnier.

H. C. Paris. — ✻.

Marseille, rue Sylvabelle, 110.

369 — Rosa.
370 — Jean.

(*Voir* DESSINS).

NANTEUIL GAUGIRAN (CHARLES), né à Paris, élève de Gleyre.

2 Méd. — H. C.

Lieusaint. (Seine-et-Marne).

371 — « Attention, Gamins, M. le Baron débuche ! »

NAUER, né à Mulhouse.

Paris, avenue de Villiers, 18, chez M. Eliot.

372 — Auvergnate à l'Eglise.

NOIROT (Emile), né à Roanne (Loire).

Méd. 3e et 2e cl. Paris.

Paris, avenue de Villiers, 18, chez M. Eliot.

373 — Saint-Malo.
374 — Ferme du Forest.

NOLLIEM (Alexandre Félix), né à Caen, (Calvados), élève de Luigi Loir.

Méd. argent Versailles.

Paris.

375 — Quai de Gesvres, près le Chatelet (Paris).

NORIAC (Mlle Blanche), élève de J. Lefebvre et T. R. Fleury.

Paris, rue Blanche, 44.

375a — Comme Grand'mère.

NOZAL (Alexandre), né à Paris, élève de Luminais.

H. C. Paris. — ✱.

Paris, quai de Passy, 7.

376 — La Seine à Vézillon en novembre (les Andelys)
377 — St-Briac au clair de lune. (Ille-et-Vilaine).

OLIVETTI (SALVADOR), né à Turin, élève de P. Bergeret.

Méd. 3e cl. E. U. Paris 1889. — Plusieurs Méd. en Province.

Paris.

378 — Huitres et Crevettes.

PARQUET (GUSTAVE), né à Beauvais (Oise).

Plusieurs Méd. en Province et à l'Etranger.

Paris, faubourg St-Honoré, 233.

379 — Le Repos après la Victoire.

PECRUS (FRANÇOIS CHARLES), né à Limoges (Haute-Vienne).

Paris.

380 — Partie de Cartes.
381 — Port de Rouen.

PERCHEVAL (LOUIS ADRIEN), né à Amiens, élève de De Coninck et Dameron.

Méd. vermeil Amiens 1894.

Amiens.

382 — Soleil couché (Porspoder).
383 — Grève de Porspoder.
384 — Etude.

PETILLION (Jules), né à Paris, élève de Luigi Loir.

Méd. argent Amiens.

Créteil, (Seine).

385 — Bateau-lavoir à Créteil.
386 — Boulevard Beaumarchais à Paris.

PETIT-GÉRARD (Pierre), né à Strasbourg (Bas-Rhin), élève de Gérome.

M. H. Paris.

Paris, rue Hégésippe-Moreau.

387 — En Bataille! (Batteries à cheval).

PETITJEAN (Edmond), né à Neufchâteau (Vosges).

M. H. Paris 1881. — Méd. 3e cl. 1884. — 2e cl. 1885. — Méd. argent E. U. 1889. — ✻ 1892. — H. C.

Paris, rue Alfred Stevens, 3.

388 — Le bassin du Commerce à Dunkerque.

PEUGNIEZ (Paul), né à Douai (Nord), élève de Maillard.

Méd. bronze Amiens.

Amiens.

389 — Les Briqueteries de Saint-Acheul.

(*Voir* Dessins).

PEZANT (AYMAR), né à Bayeux (Calvados), élève de Vuillefroy.

M. H. Paris 1885. — Méd. 3e cl. 1888. — M. H. E. U. 1889. — Méd. 2e cl. 1890.

Paris, rue du Delta, 19.

390 — Vache blanche.

PILLE (MARCEL), né à Paris, élève de Benjamin Constant et Jean Paul Laurens.

M. H. Paris 1895.

Paris, rue des Fourneaux, 9.

391 — Euripide et les Prisonniers athéniens.

PLANQUETTE (FÉLIX), né à Arras.

Arras, petite place.

392 — Après la pluie.
393 — Crépuscule.

POINTELIN (AUGUSTE EMMANUEL), né à Arbois (Jura), élève de V. Maire.

Méd. 3e cl. Paris 1878. — 2e cl. 1881. — ✱ 1886. — Méd. or E. U. 1889.

Paris, rue de Fleurus, 26.

394 — Pré dans le Jura, le matin.

POULAIN (Mlle Fanny), née à Amiens, élève de Mlle Mackiewicz.

Amiens

395 — En avril.

PRINTEMPS (Léon), né à Paris, élève de G. Moreau et L. O. Merson.

Méd. 3e cl. Lille.

Paris.

398 — Douleur d'Orphée.

QUIGNON (Mlle).

M. H. et 3 Méd. Amiens.

Amiens, rue de l'Union, 6.

399 — Corbeille de Pensées (étude).
400 — Violettes (étude).

RABEUF (Mlle Marie), née à Paris, élève de Mlle B. Mackiewicz.

Amiens.

401 — Pensées.

RAPILLY (Léon Henri Marie), né à Paris, élève de P. V. Galland et Paul Schmitt.

Méd. bronze Amiens 1890. argent 1894.

Paris, rue Jacob, 12.

402 — Soleil couchant (l'Oise, près Anvers).

RAVANNE (Léon Gustave), né à Meulan (Seine-et-Oise), élève de Bonnat, Busson et Cormon.

M. H. Paris 1887. — Méd. bronze E. U. 1889. — Méd. 2e cl. 1895. — H. C.

Paris, rue Cauchois, 3.

403 — Les Picoteux.
404 — Rentrée d'un Canot.
405 — Retour de la Mer.

RAVIER (Mlle Jeanne), née à Void (Meuse), élève de Jules Lefebvre, J. P. Laurens et Benjamin Constant.

Méd. bronze Amiens 1892.

Paris, rue Broca, 7.

406 — Deux petits Amis.
407 — Roses.

RENARD (Emile), né à Sèvres (Seine-et-Oise), élève de Cabanel et de César de Coock.

Méd. 3e cl. Paris 1876. — 2e cl. 1889. — Méd. argent E. U. 1889. — ✻ 1895.

Paris, rue Geoffroy L'Asnier, 30.

408 — La Communion chez les Bénédictines.
409 — Souvenir de Tunis.

RICHOMME (JULES), né à Paris, élève de Drolling.

Méd. Paris 1862 et 1863. — ✱ 1867.

Paris, avenue Trudaine, 31.

410 — Le dessert de Bébé.

RIGOLOT (ALBERT GABRIEL), né à Paris, élève de Pelouse.

M. H. Paris 1889. — Méd. 3e cl. 1891. — 2e cl. 1892. — H. C. — Plusieurs Méd. en Province et à l'Etranger.

Paris, rue de la Grande Chaumière, 16.

411 — Soir d'automne en Sologne.
412 — Matinée d'automne en Sologne.

(*Voir* DESSINS).

RIS-PAQUOT (OSCAR EDMOND), né à Amiens, élève de Bijon.

Méd. Paris E. U. 1878. — Plusieurs Méd. en Province. — ✾ A., ✠ ✠.

Abbeville, (Somme).

413 — Stop (chien de Terre-Neuve).
414 — Une Invasion dans l'Atelier de photographie.

RIVIÈRE (CHARLES), né à Orléans (Loiret), élève de Bergeret.

Paris, boulevard Richard Lenoir, 24.

415 — Figues, Noix et Raisins.
416 — Intérieur de Forge à Montagny (Loire).

ROGER-JOURDAIN, né à Louviers (Eure), élève de Cabanel.

Méd. 3e cl. Paris 1879. — 2e cl. 1881. — Méd. argent E. U. 1889. — ✱.

Paris.

417 — Yachting.

ROUAIX-DUNEAU (Mme Jeanne), née à Paris, élève de Couty et Roll.

Plusieurs Méd. en Province.

Paris, rue Nollet, 75.

418 — Asperges et Chaudron.
419 — Groseilles et Cassis.

ROUSSEL (Charles), né à Tourcoing (Nord), élève de Cabanel et de Tattegrain.

Berck-Plage, (Pas-de-Calais).

420 — Effet de Neige.

ROUVILLAIN (Angilbert).

Méd. bronze.

Corbie, (Somme).

421 — Prairie et Etangs de la Barette à Corbie.
422 — Prairie et Falaise à la Barette à Corbie.

ROYER (CHARLES), né à Langres, élève de Henner.

Plusieurs Méd. en Province et à l'Etranger. — Grand Diplôme d'honneur Barcelone 1891.

Langres.

423 — Etude.
424 — OEillets.

ROZIER (DOMINIQUE), né à Paris, élève de Vollon.

Méd. 3e cl. Paris 1876. — 2e cl. 1880 et E. U. 1889. — H. C.

Paris, boulevard de Clichy, 34.

425 — Aiguière en vermeil et Roses.
426 — Pêches et Raisins.

RUAULT-CARO (Mlle CLAIRE), née à Fougères (Ille-et-Vilaine), élève de T. Robert Fleury, etc.

M. H. Narbonne 1896.

Rennes, Ille-et-Vilaine.

427 — A Quimperlé.

RUDAUX (HENRI EDMOND), né à Paris, élève de son Père, J. Lefebvre et de Tony Robert Fleury.

Méd. bronze Amiens 1892.

Paris.

428 — Sortie de Port (Granville).
429 — Sauvetage en Escadre.

SAIN (Edouard), né à Cluny (Saône-et-Loire), élève de Picot et de l'Acadéniie de Valenciennes (Nord).

M. H. Paris 1857, 1859 1861. — Méd. 3e cl. 1875. — ✻ 1877. — Méd. argent E. U. 1889.

Paris, rue Taitbout, 80.

430 — Sous les Figuiers (Capri).
431 — Profil de Rousse.

SAINT-MAUR (Albert Edouard de), né à Auteuil (Seine), élève de Gaston Roullet.

Paris.

432 — Ruines de la Cour des Comptes.

SALANSON (Mlle Eugénie), née à Albert (Somme), élève de Bouguereau.

Plusieurs Méd. en Province et à l'Etranger.

Paris.

433 — Portrait de Mme L***

SARAZIN (Mlle Marguerite), née à Charleville (Ardennes), élève de Damas.

M. H. Lille. — Diplôme d'honneur Saint-Etienne.

Charleville.

434 — Lilas.
435 — Roses et Reines-Marguerites.

SAUTAI (Paul Emile), né à Amiens, élève de Robert Fleury et de Jules Lefebvre.

Méd. Paris 1870, — 2e cl. 1875. — 3e cl. E. U. 1878. — ✻ 1885. — Méd. or E. U. 1889.

Paris, rue N.-D. des Champs, 74.

436 — Entrée du Couvent des Franciscains à Paris.

SAUZAY (Jacques Adrien), né à Paris, élève de Pasini.

H. C. Paris.

Paris, rue d'Orsel, 19.

437 — La Seine à Triel (Seine-et-Oise).

SCHMITT (Paul Léon Félix), né à Paris, élève de Guillemet.

H. C. Paris.

Paris, rue Boissonnade, 12.

438 — Le Moulin de la Ternoise près Gauchin (Pas-de-Calais).
439 — Transatlantique en cale sèche (Le Havre).
440 — La place de la Citadelle à Provins (S.-et-M.).

SÉMINEL (Edmond), né à Amiens, élève de Léon Delambre.

Amiens.

441 — Soir de juin à Berck.

SERRIER (GEORGE), né à Thionville (Moselle), élève de Gagliardini.

M. H. Paris 1893 et 1894. — Méd. bronze Amiens 1890.

Paris, rue de Douai, 65.

442 — Village sur la Cère (Quercy).
443 — Le vieux pigeonnier (Quercy).

SHONBORN (JOHN LÉVIS), né à Nemora (Etats-Unis), élève de Bonnat.

Méd. Amiens.

Senlis, (Oise).

444 — Bon appétit.
445 — Rétif.
446 — L'Ecole buissonnière.

SIMONNET (LUCIEN), né à Paris, élève de G. Boulanger, Nozal et J. Lefebvre.

H. C. Paris.

Sèvres, rue des Rouillis, 3, (Seine-et-Oise).

447 — Le Pré fleuri.

SMITH-HALD (FRITHJOF), né en Norwège.

Chevalier de plusieurs Ordres étrangers.

Bruxelles, rue du Prince-Royal, 39.

448 — Avant Noël.
449 — Plaisir d'hiver en Norwège.

STIÉVENART (FERNAND), né à Douai (Nord), élève de Boulanger et A. Demont.

M. H. Paris 1893. — Méd. 2e cl. Anvers E. U. 1894. — Méd. 1re cl. Lille 1896.

Douai, rue Jean-de-Gouy, 7.

449a — L'Ange et Tobie.
450 — L'Ermitage.

STOLZ (ANDRÉA), né à Paris, élève de Robert Fleury et Jules Lefebvre.

Paris.

451 — En Bretagne.

TACONET (Mlle JEANNE), née à Orléans, élève de P. Bourgogne.

Plusieurs M. H. et Méd. en Province.

Versailles.

452 — Violettes et Mimosa.

(*Voir* DESSINS).

TATTEGRAIN (FRANCIS), né à Péronne.

Paris, boulevard de Clichy, 12.

453 — Saison du Merlan, le Cueillage.
454 — Berck l'hiver.

TAUZIN (Louis), né à Bordeaux (Gironde).

M. H. Paris. — Méd. argent Amiens. — ✿ A.

Bellevue, (Seine-et-Oise).

455 — Vue de Paris (prise de Meudon).
456 — La Vallée de Seine à Saint-Cloud.

TENRÉ (Henri), né à St-Germain en Laye, élève de Jules Lefebvre.

Méd. bronze.

Paris, rue Villejuif, 36.

457 — Parc de Versailles.
458 — Parc de Trianon.

(*Voir* Dessins).

TESSIER (Louis Adolphe), né à Angers (Maine-et-Loire), élève de Gérome.

M. H. Paris 1886.

Angers.

459 — Tête de Bohémienne.
460 — Ramoneur à la Guitare.

THIBAUDEAU (Julien), né à Breloux (Deux-Sèvres), élève de Gérome et Combe-Velluet.

M. H. Paris 1888.

Paris, rue N.-D. des Champs, 85.

461 — Méditant un Sermon.
462 — Coin de Bureau de poste : La Réponse furtive.

THIBAULT (Louis), né au Bosquel (Somme), élève de David-Riquier.

Amiens, rue Lemerchier, 66.

463 — La Plage de Berck au soleil couchant.
464 — L'Embouchure de la Canche.

THIRION (Eugène Romain), né à Paris.

H. C. — Paris ✱.

Paris, rue Chaptal, 28.

465 — Orphée pleurant Eurydice.

THIVET (Antoine Auguste), né à Paris, élève de Millet, Gérome et Yvon.

Paris, rue St-Claude, 1.

466 — Chaud matin.

THOMAS (Pierre Joseph), né à Breteuil (Oise), élève de De Coninck et Jules Boquet.

Amiens.

467 — Nature morte.
468 — Noix et Raisins.

THOMAS (Paul), né à Paris, élève de J. Lefebvre et Boulanger.

M. H. Paris 1885. — Méd. 3e cl. 1892. — 2e cl. 1893. — H. C.

Paris, rue Bara, 5.

469 — La Répétition.
470 — Intérieur.

TIMMERMANS (Louis), né à Bruxelles, élève de l'Ecole des Beaux-Arts.

Plusieurs Méd. en Province.

Paris, rue Aumont-Thiéville, 2.

471 — Effet de lune sur l'Escaut (Anvers).
472 — Entrée du Port à Dieppe, matin.

(*Voir* Dessins).

TREMERIE (Carolus), né à Gand.

Gand.

473 — Un Coin du petit Béguinage à Gand.

TRONEL (Edouard Charles), né à Elbeuf (Seine-Inférieure), élève de J. Lefebvre, Boulanger et D. Laugée.

Paris, boulevard Lannes, 11.

474 — Marée basse à Villerville (Calvados).
475 — Port de Hambourg.

TRUCHET (Louis Abel), né à Versailles (Seine-et-Oise), élève de J. Lefebvre et T. R. Fleury.

M. H. Paris 1895. — ✿ A.

Paris, rue Caroline, 4.

476 — La Prairie à Berneval.
477 — Bords de la Marne à Mary.

VAN DER LINDEN (Eugène), né à Beveren (Belgique), élève de l'Ecole des Beaux-Arts d'Anvers.

Amiens.

478 — Groom d'Artiste.

VAN MELLE (Henri).

Gand, rue des Tonneliers, 4, (Belgique).

479 — Seul (Normandie).
480 — Le Puits (Normandie).

VARDON (Théogène Evariste), né à Lyons-la-Forêt (Eure), élève de Lebel et Gérome.

Méd. Amiens 1890 et 1894. — Rouen 1895.

Paris, rue Nationale, 155.

482 — Griffons, Bassets Tricolores Français.

VIERLING (Antoine), né à Nancy (Meurthe-et-Moselle), élève de Sellier et Bonnat.

Méd. Epinal, Nancy.

Nancy.

485 — Ravaudeuse sous Louis XV.
486 — Retour de fête en Lorraine.

(*Voir* Dessins).

VILETTE (Léon), né à Onnaing, élève de H. Delacroix et J. P. Laurens.

Amiens.

486[a] — Portrait de M. ***.

WALLERSTEIN (Georges), né à Maisons-Laffitte (Seine-et-Oise), élève de Yon, Sauzay et Cormon.

Paris, rue Nouvelle, 6.

487 — L'Etalage du Hareng (Berck).
488 — Retour de Pêche (Berck).

WATBOT (Louis Alphonse), né à St-Quentin (Aisne), élève de G. Moreau.

Paris, rue de l'Ouest, 6.

489 — Etude.

WEBER (Théodore), né à Leipzig, naturalisé Français.

Plusieurs Méd. à Paris, en Province et à l'Etranger.

Paris, boulevard de Clichy, 71.

490 — Pilote allant à bord.
491 — Bateaux de Douvres.

WEERTS (Jean Joseph), né à Roubaix (Nord), élève de Mils et Cabanel.

Méd. 2e cl. Paris 1875. — H. C. — ✻ 1884. — Méd. 2e cl. E. U. 1889. — Méd. Londres 1872. —

Paris, rue d'Amsterdam, 77.

492 — Juif-Errant (étude).

ZUBER (Jean Henri), né à Rixheim (Haut-Rhin), élève de Gleyre.

Méd. 3e cl. Paris 1875. — 2e cl. 1878. — ✻ 1886. — Méd. or E. U. 1889.

Paris, rue de Vaugirard, 59.

493 — La récolte du Seigle dans la Haute-Alsace.

ZWILLER (Marie Augustin), né à Oidenheim (Alsace), élève de Boulanger et J. Lefebvre.

M. H. Paris 1888. — Méd. 3e cl. 1892.

Neuilly-sur-Seine.

494 — Alsacienne.

SUPPLÉMENT

au Catalogue.

PEINTURE

FLEURY (Tony Robert), né à Paris.

Méd. Paris 1866, 1867 et 1870. — Méd. d'honneur 1870. — ✻ 1873. — Méd. 1re cl. E. U. 1878. — O. ✻ 1884. — Méd. or E. U. 1889. — H. C.

Paris, rue de Douay, 69.

750 — Mère allaitant son enfant.

DESSINS

BERSAUCOURT (Mlle Marie de), née à Bouchain (Nord), élève de Mlle de Coninck.

M. H. Amiens.

Louvencourt (Somme).

751 — Tête de jeune fille ; pastel.
752 — L'Automne ; eau-forte.

ANSART (Pierre), né à Amiens, élève de Albert Roze et Hippolyte Lefèvre.

Amiens.

496 — Renouveau (fantaisie décorative); aquarelle.
497 — Dessin pour couverture de livre ; aquarelle.

BARIL (Gédéon), né à Amiens.

Méd. argent Amiens.

Amiens.

497[a] — Serin échappé.

BARRANDE (Mlle Marie), née à Lagny (Seine-et-Marne), élève de Topart et Karl Robert.

Méd. argent. Boulogne, Amiens.

Amiens, boulevard d'Alsace-Lorraine, 75.

498 — Le Pont de l'Hyère à Toufflreville ; fusain.
499 — Deux vues à l'île de Noirmoutier (Vendée); portraits de Mlles Emilienne et Lucie Delanoë; en Vacance au Tréport; Eglise de Romescamps (Oise); Roche percée à Préfailles (Loire-Inférieure) ; 7 aquarelles et 3 dessins.
500 — M. Sebert, C. Darentière, Joachin de B., Mme Le Gentil, Mme Lefrançois de D., Mme P. Roux, Bonne Maman, Une héroïne de Walter Scott, Marie, Mme Bleu, 2 broches, 2 boutons ; 14 miniatures.

BERMONT (Mlle Marie), née à Albi (Tarn), élève de Jules Lefebvre et Benjamin Constant.

Paris, rue Lafayette, 126.

501 — Portrait de Mlle de T. ; pastel.

BERNARD (Mlle Marguerite), née à Paris, élève de J. Lefebvre et Robert Fleury.

Paris.

502 — Enfant de Chœur ; pastel.

BERNARD (Mlle Mathilde), née à Versailles élève de J. Machard.

Méd. bronze et vermeil, Versailles.

Paris, place des Ternes, 5.

503 — Portrait de M. J. F. ; pastel.

BERTHET (Mlle Lucy), née à Amiens, élève de Mlle Marie Martin.

Amiens.

505 — Le Printemps chassant l'Hiver ; éventail.

BESNARD (Louis Albert), né à Paris, élève de Roll et Lucien Doucet.

Paris.

506 — Notes d'Espagne (Andalousie) ; aquarelle.
507 — Notes d'Espagne (Andalousie) ; aquarelle.
(Appartient à Mme Bischoffsheim).
508 — Flamenco (Castille) ; aquarelle.

BESNOU (Auguste), né à Saint-Malo (Ille-et-Vilaine), élève de H. Caffieri.

Boulogne-sur-Mer, rue de Marignan, 40.

509 — L'Ecole buissonnière ; aquarelle.
510 — En fraude ; aquarelle.

(*Voir* Peinture).

BIVA (Henri), né à Paris, élève de A. Nozal et Léon Tanzi.

M. H. Paris 1892. — Méd. en province 1895.

Paris.

511 — Œillets ; aquarelle.
512 — Roses ; aquarelle.

(*Voir* Peinture).

BIVA (Paul), né à Paris.

Paris, rue d'Hauteville, 12.

513 — Roses ; gouache.

(*Voir* Peinture).

BLONDEL (Mlle Adeline), née à Amiens, élève de Mme Leclercq-Rouhier et Stiévenard.

Amiens.

514 — Délabrement (Pont-de-Metz) ; dessin.
515 — Cinquante années dans le métier ; dessin.

BOGGS (Franck), élève de Gérome.

Méd. 2e cl. E. U. 1889. — H. C.

516 — Barque à Schevening (Hollande); aquarelle.

(*Voir* Peinture).

BOUCHEROT (Mlle Zulma), née à Bordeaux (Gironde), élève de Mlle Voruz.

Paris, rue de l'Annonciation, 7.

517 — Roses ; aquarelle.

BOURGAIN (Gustave), né à Paris, élève de Gérome.

Méd. bronze E. U. 1889. — Méd. vermeil. Amiens.

Paris, boulevard Rochechouart, 57 bis.

518 — Au Musée ; aquarelle.

BOURGEOIS (Victor Ferdinand), né à Amiens, élève de Luc Olivier Merson.

Méd. argent Amiens 1894.

Paris, rue de Bagneux, 7.

519 — Abbaye du Mont-Saint-Michel ; dessin.
519a — Abbaye du Mont-Saint-Michel ; dessin.

BOUSQUET (Mlle LAURE), née à Amiens, élève de Mmes Démarquet et Leclercq-Rouhier.

Amiens.

520 — Panneaux décoratifs; dessin.
521 — Distraite ; aquarelle.

BRICHETEAU (Mlle ALBANIE), née à Poitiers (Vienne), élève de Mme Latruffe-Colomb et de E. Vimont et E. Cuyer.

M. H. Amiens 1892.

Paris, boulevard Péreire, 51.

522 — Portrait de M. B., l'Etude, d'après Fragonard, Tête d'homme ; miniatures sur ivoire.

BRIES (Mlle FANNY), née à Chateauroux (Indre), élève de J. P. Laurens, J. Lefebvre et Benjamin Constant.

Paris, avenue de Villiers, 121.

526 — Seize ans ; aquarelle.

BRUNERY (FRANÇOIS), né à Turin, élève de Bonnat et Gérome.

Paris.

527 — Costume Russe, tête de femme ; pastel.

BRUYERRE (Mlle JEANNE LOUISE), née à Paris.

Paris, boulevard Montparnasse, 74.

528 — Lilas ; aquarelle.

CACHOUD (FRANÇOIS CHARLES), né à Chambéry (Savoie), élève de G. Moreau et Delaunay.

M. H. Paris 1893, — 1re Méd. Lille 1896.

Paris.

529 — L'Hiver dans la forêt (soleil couchant) ; pastel.
530 — Automne ; pastel.

(*Voir* PEINTURE).

CAFFIERI (HECTOR), né en Angleterre, élève de Bonnat et Lefebvre.

Boulogne-sur-Mer.

530a — Le Feuilleton ; aquarelle.
530b — Fleurs des champs ; aquarelle.

CALVÈS (GEORGES), né à Paris, élève de Daubigny et de A. Guillemet.

M. H. Paris.

Paris, rue de la Tour d'Auvergne, 44.

530c — Le rouleau ; aquarelle.

CARON (Henry Paul Edmond), né à Abbeville (Somme), élève de J. et E. Caudron, Cartier et Rixens.

Méd. bronze Amiens 1892.

Issy, rue du Vivier, 25.

531 — Départ des grands bateaux le soir à Cayeux-sur-Mer ; dessin au fusain.

(*Voir* Peinture).

CARPENTIER (Mlle Oliva), née à Paris, élève de Mme Louise Martin Gaudefroy.

Méd. vermeil Beauvais.

Amiens.

532 — Environs d'Amiens ; aquarelle.
533 — Environs d'Amiens ; aquarelle.

(*Voir* Sculpture).

CARPENTIER (Mlle Madeleine), née à Paris, élève de J. Lefebvre et Luminais.

H. C. Paris. — Méd. argent Amiens.

Paris.

533a — Tête de femme à la lumière ; aquarelle.

(*Voir* Peinture).

CARVIN (AUGUSTE JULES), né à Douai.

Amiens.

534 — Portrait ; dessin.
535 — Portrait ; dessin.

CASPERS (Mlle PAULINE), née à Paris.

Méd. argent (Blanc et Noir) Paris, Versailles, etc.

Nogent-sur-Marne, rue de Plaisance, 16, (Seine).

536 — Fruits ; pastel.
537 — Prenant son Grog, d'après Meissonier ; lavis.

(*Voir* PEINTURE).

CERBELAUD (Mlle JEANNE), née à Paris, élève Mme Latruffe-Colomb et de Ed. Vimont, H. Deschamps, Ed. Cuyer et Hista.

Paris, rue Trézel, 34.

538 — Première parure, Etude, Espagnole, Robert ; 4 miniatures sur ivoire.

CHAVAGNAT (Mlle ANTOINETTE), née à Rouen (Seine-Inférieure), élève de Rivoire.

1re Méd. Rouen. — Plusieurs Méd. en Province.

Nanterre, rue Chanzy, 11.

539 — Pavots ; aquarelle.

CHOVET (Mlle ALICE), née à Paris, élève de Eugène Deully.

Paris.

540 — Iris (éventail), ; aquarelle.

COLBERT (ARNOLD JOSEPH), né à Amiens, élève de G. Boulanger, J. Lefebvre et Benjamin Constant.

Méd. argent, Amiens.

Paris, rue Caulaincourt, 54.

541 — Portrait de Mme X... ; miniature.
542 — Portrait de M. Savine ; miniature.

CONINCK (Mlle RÉGINA DE), née à Paris, élève de son père et de Bonnat.

Méd. Rouen. — Méd. argent vermeil Amiens.

Amiens, rue Voiture 25.

542a — Tête d'étude ; pastel.
542b — Gitana ; pastel.

(*Voir* PEINTURE).

DAINVILLE (MAURICE), né à Paris, élève de G. Boulanger, J. Lefebvre et L. O. Merson.

Méd. bronze, Amiens 1894. — M. H. Paris 1895.

Paris, rue de Fleurus, 35 bis.

543 — Jardin du Luxembourg (Paris) ; aquarelle.

(*Voir* PEINTURE).

DARIEN (Henry), né à Paris.

M. H. — Prix de l'Institut, Paris 1889.

Paris, boulevard Saint-Michel, 113.

544 — Un Mousse ; pastel.

(*Voir* Peinture).

DARRIEUX (Maurice), né à Bordeaux (Gironde), élève de E. Fontan.

Méd. bronze St-Etienne 1895.

Bordeaux, boulevard de Caudéran, 183; Paris, rue de la Ville Lévêque, 28.

545 — Une Rue à Menton ; aquarelle.

DAVE (Daniel).

Halluin, rue de Lille, (Nord).

546 — Vers la Ville ; aquarelle.

DEFAUX (Alexandre), né à Paris.

Méd. Paris 3e cl. 1874. — 2e cl. 1875. ✲ 1881. — H.C.

Paris, avenue de Villiers, 18.

547 — Cahute au bord d'un étang ; dessin au canif.
548 — Une Conférence ; dessin au canif.
549 — Les Poules ; aquarelle.

(*Voir* Peinture).

DELASSUS (René), né à Amiens, élève de André et Laloux.

Méd. de bronze. Amiens.

Amiens.

550 — Une Entrée de fête publique ; architecture.

DEMARQUEZ (Mlle Jeanne Anaïs), née à Lille (Nord), élève de Mme Louise Martin Gaudefroy.

Amiens, rue Berville, 4.

551 — La Vierge consolatrice, d'après Bouguereau ; porcelaine.
552 — Environs d'Amiens ; aquarelle.

DESAUTY (Mlle Henriette), née à Paris, élève de Jules Lefebvre et T. Robert Fleury.

Méd. en Province.

Paris.

553 — Songerie ; pastel.

DESJEUX (Mlle Emilie), née à Joigny (Yonne), élève de Bouguereau.

✿ A. — Plusieurs Méd. en Provinces.

Paris, rue St-Simon, 11.

554 — Enfant de chœur ; pastel.

DESMAREST (Mlle GABRIELLE MARIE PAULINE), née à Villers-Bretonneux (Somme), élève de Gérome.

Amiens, rue Dom Grenier, 19.

555 — Le premier rendez-vous ; porcelaine.

DONNADIEU (Mlle JEANNE), née à Paris, élève de Feyen-Perrin et H. Lévy.

M. H. Paris. — Méd. en province.

Paris, rue Victor Massé, 17.

556 — Somnolence ; pastel.

(*Voir* PEINTURE).

DORGEVILLE (Mlle MARGUERITE), née à Montdidier (Somme), élève de Mlle Marie Martin.

Montdidier, (Somme).

557 — Pavots et Prunelles ; gouache sur satin.

(*Voir* PEINTURE).

DORNEAU-DARTAGNE (JACQUES), né à Saint-Gilles, élève de C. Verlat et R. de Cavillon.

Paris.

558 — Buveuse (XVIe siècle) ; aquarelle.
559 — Fantaisie orientale ; aquarelle.

DUFOURMANTELLE (Mlle Jeanne Berthe), née à Amiens, élève de Mme Leclercq-Rouhier.

Amiens, boulevard d'Alsace-Lorraine, 77.

561 — Pont sur la Meurthe ; étude.
562 — Un Coin d'Onival ; étude.

DUTHOIT (Adrien), né à Amiens, élève de Edm. Duthoit et P.V. Galland.

M. H. Amiens, 1890.

Paris, rue de Vaugirard, 195.

563 — Les Eléments ; 3 aquarelles en un cadre.
(Cartons de vitraux exécutés pour M. A. M.).
563a — Affiche ; dessin décoratif.

(*Voir* Peinture).

DYBOWSKA (Mlle Emilie), née à Paris, élève de Rivoire.

Plusieurs Méd. en Province et à l'Étranger.

Paris.

564 — Chrysantèmes et Violettes ; aquarelle.

ERTZ (Edward), né à Chicago (Etats-Unis), élève de J. Lefebvre.

Méd. or St-Étienne.

Paris, rue Dutot, 3.

566 — Une Fontaine à Tolède ; aquarelle.

FAUVAGE (Mlle BLANCHE), née à Paris, élève de Mme Thoret et Rivoire.

Paris, boulevard Garibaldi, 90.

567 — Corbeille de Pivoines ; aquarelle.

FAUX-FROIDURE (Mme EUGÉNIE JULIETTE), née à Moyeu (Sarthe), élève de Champeau et Galland.

Paris, boulevard Péreire, 7.

568 — Jardinière de Pensées ; aquarelle.

FLEURY (Mme FANNY), née à Paris. élève de Henner et Carolus Duran.

Paris, rue Victor Massé, 39 bis.

569 — Rose ; pastel.

(*Voir* PEINTURE).

FORGES (JOSEPH), né à Auray (Morbihan), élève de Charles Gosselin.

Paris, impasse du Maine, 18 bis.

570 — Place de la Mairie, Carhaix (Finistère), La Tour de Plouguër, Carhaix, La rue de la Pie à Auray, Rue de Saint-Goustant à Auray ; aquarelles.

FRANÇAIS (François Louis), né à Plombières (Vosges).

Membre de l'Institut.

Paris, boulevard Montparnasse, 139.

574 — Vue prise au Bas-Meudon ; aquarelle.

(*Voir* Peinture).

FRANCQUEVILLE (Jean de), né à Amiens, élève de Bouguereau, T. R. Fleury et De Coninck.

Wargnies (Somme).

575 — Contes de Perrault ; dessins à la plume.

(*Voir* Peinture).

FRESNAYE (Mlle Hélène), née à Marenla (Pas-de-Calais), élève de Mlles Marie Fresnaye et E. Leroy.

Marenla (Pas-de-Calais).

576 — Fleurs ; aquarelle.

FRESNAYE (Mlle Marie), née à Marenla (Pas-de-Calais), élève de Maindron et Chapu.

M. H. Paris. — Méd. or Amiens. — Méd. or Boulogne-sur-Mer.

Marenla (Pas-de-Calais).

576a — Dans les Champs ; aquarelle.

FONTAINE (Mlle JENNY), née à Arras, élève de Jules Lefebvre.

Paris, rue du Louvre, 15.

577 — Fête des fleurs ; pastel.

(*Voir* PEINTURE).

GALAMPOIX (GEORGES ALEXANDRE), né à Amiens, élève de Delambre et Roze.

Amiens.

578 — Portrait ; fusain.
579 — Portrait ; fusain.

GAUDEFROY (HENRY), né à Amiens, élève de l'Ecole des Beaux-Arts d'Amiens.

Amiens.

580 — Paysage, sous bois ; aquarelle.

GAUDEFROY (Mme LOUISE MARTIN), née à Amiens, élève de Mlles Reine, Bureau, Mme Desmarquet-Crauk, de son frère et des cours de la ville de Paris.

Méd. or, argent, vermeil, Amiens.

Amiens, rue Lemerchier, 59.

581 — Mlle Oliva Carpentier; miniature sur ivoire.
582 — Mme de Lamballe, Mme de Maintenon, Mme Elisabeth d'Orléans; miniatures pour bijoux.
583 — Panneau Louis XV (d'après Watteau); faïence petit feu.
584 — Environs d'Amiens (marais); dess. à la plume.
585 — Environs d'Amiens ; dessins.
586 — Ecran pour lumière ; aquarelle.

(*Voir* SCULPTURE).

GAUTHIER (Mlle JEANNE), née à Paris, élève de Machard.

Méd. Versailles, Avignon.

Paris, rue de Castellane, 10.

587 — Tête de Vierge ; pastel.
588 — Etude de dos ; pastel.

GEILLE DE SAINT-LÉGER (LÉON), né à Alger, élève de Lehmann, Merson et Demont.

Paris, rue Denfert Rochereau, 83.

589 — Etudes de Bateaux bretons, pêcheurs de sardines ; aquarelle.

(*Voir* PEINTURE).

GHESQUIER (DÉSIRÉ AUGUSTE), né à Lille.

M. H. Paris 1887.

Lille, rue d'Angleterre, 10.

590 — Concarneau : la ville close ; aquarelle.
591 — Concarneau : la rentrée des bateaux de pêche à la sardine ; aquarelle.
592 — Concarneau : la Chapelle de la Croix ; aquarelle

GIRARD (ALBERT), né à Paris, élève de son Père.

H. C. — ✻.

Paris, rue de Courcelles, 69.

593 — Campement de Bohémiens aux Stes-Maries-de-la-Mer ; aquarelle.

(*Voir* PEINTURE).

GOEPP (Albert), né à Paris, élève de Guillemet.

Plusieurs Méd. en Province.

Neuilly, rue Perronet, 43.

594 — En pêche ; pastel.
595 — Côtes de Belle-Isle ; pastel.

GRANDMOUGIN (Mlle Marthe), née à Nancy (Meurthe-et-Moselle), élève de Mme Leclercq-Rouhier.

Luxeuil, (Haute-Saône).

596 — Quatre paysages Francs-Comtois; aquarelles.

GRAVIS (Camille), né à Calais.

Amiens.

597 — En rade de Boulogne-sur.Mer; aquarelle.
598 — Cathédrale d'Anvers ; aquarelle.

GRELLET (Athanase Alexandre), né à Vienne (Isère), élève de Horace Vernet et F. Barrias.

M. H. Paris 1863. — Méd. argent Amiens 1880.

St-Maur-les-Fossés, (Seine).

599 — Procession des Saints à Notre-Dame de Brebières à Albert (Somme); dessin.
(Etude ayant servi pour l'exécution des peintures de Notre-Dame des Anges).

GUYON (Mlle Maximilienne), née à Paris, élève de J. Lefebvre, Boulanger et R. Fleury.

Méd. 3e cl. Paris, 1888. — Méd. 2e cl. E. U. 1889. — H. C.

Paris, rue Alphonse de Neuville, 9.

601 — Effet de lumière ; aquarelle.

(*Voir* Peinture).

HAUTOY (Mlle Marie du), née à Amiens, élève de Mme Démarquet-Crauk, Jules Lefebvre, Tony Robert Fleury et Mlle M. L. Billotet.

M. H. Amiens.

Paris, passage Lepic, 3.

602 — Tristes Souvenirs ; pastel.
603 — Vierge à l'Hostie, d'après Ingres ; miniature.
605 — Mme de X... ; miniature.

(*Voir* Peinture).

HODEBERT (Léon Auguste César), né à Saint-Michel-sur-Loire (Indre-et-Loire).

Paris, boulevard de Vaugirard, 114.

606 — Giroflées jaunes ; pastel.

(*Voir* Peinture).

HONORÉ (Mlle HÉLÈNE), née à Péronne (Somme), élève de Mme Thoret et de De Courcy.

Paris.

607 — Un cadre contenant 9 émaux ; Coupe, 2 cendriers (dauphin, fleurs), Cadre, Amour, Sainte Geneviève, Jeanne d'Arc, Bonbonnière, Amour endormi (or gravé).

IWILL (MARIE JOSEPH), né à Paris, élève de Lansyer.

Paris.

608 — Nuit grise ; pastel.
609 — Matinée de septembre ; pastel.

(*Voir* PEINTURE).

JOSÉ (CLAUDE), né à Lyon (Rhône), élève de Allongé.

Nice, (Alpes-Maritimes).

610 — Bois de Satory ; aquarelle.

(*Voir* PEINTURE).

LAMBELET (ALPHONSE AUGUSTE), né à Montbéliard (Doubs), élève de Koger.

M. H. Amiens.

Amiens.

611 — Moulin à Veules-en-Caux ; aquarelle.
612 — Un Coin à Farivillers, Cour de ferme à Veules-en-Caux ; aquarelles.

LAMBERT (Mme Louise), née à Paris, élève de Bourgogne.

Plusieurs Méd. en Province.

Neuilly-sur-Seine.

613 — Chrysanthèmes ; pastel.
614 — Capucines ; pastel.
615 — Nature morte ; pastel.

LAMY (Mlle Aline), née à Paris, élève de Rivoire.

M. H. Amiens. — Méd. argent Versailles.

Paris.

616 — Orchidées ; aquarelle.
617 — Aubépines et Boules de neige ; aquarelle.

LARDILLON (Mlle Lucie), née à Binges (Côte-d'Or), élève de Robert Fleury et Rivoire.

Paris, rue Jouffroy, 44.

618 — Fleurs et Fruits d'automne ; aquarelle.

LAUGÉE (Désiré), né à Maromme (Seine-Inférieure), élève de Picot.

Méd. 3e cl. Paris 1851. — 2e cl. E. U. 1855 — Rap. 1859. — Méd. 1re cl. 1861. — Rap. 1863. — ✱ 1865. — H. C.

Paris, boulevard Flandrin, 10.

619 — Le Calvaire ; pastel.

LAUNAY (Mlle Régine Marie de), née à Loué (Sarthe), élève de Rivoire, J. Lefebvre et T. Robert Fleury.

Plusieurs méd. en province.

Paris, rue Vavin, 48.

620 — Giroflées ; aquarelle.

LAURENT-DESROUSSEAUX (Henry), né à Joinville (Seine), élève de Al. Maignan.

M. H. Paris 1885. — Méd. 3e cl. 1886. — 2e cl. E. U. 1889. — 2e cl. 1894. — H. C.

Paris.

621 — Mlle Rose; pastel.

(*Voir* Peinture).

LAUVERNAY (Mlle Jeanne), née à Amiens.

Méd. bronze Amiens 1894.

Paris, rue de Rennes, 148.

622 — Fleurs (étude); aquarelle.
623 — Raisins; pastel.

(*Voir* Peinture).

LECERF (Mlle Isabelle), née à Glisy (Somme), élève de Mme Leclercq-Rouhier et de Roze.

Amiens.

624 — Moine au lutrin; dessin.

LECLERCQ-ROUHIER (Mme Marie), née à Urjemain (Vosges), élève de Mme Thoret, Lucas et Parrot.

Méd. argent Amiens 1890.

Amiens.

625 — Raymonde (portrait de Fillette); pastel.
626 — A Onival (Pascal le Baigneur); aquarelle.

(*Voir* Peinture).

LECOCQ (Mlle Henriette), née à Paris, élève de Henri Lefort.

Mentions, méd. or, argent, vermeil en Province.

Paris, rue Thénard, 6.

627 — Vieille rue à Chartres; eau-forte.

(*Voir* Peinture).

LEFÈVRE (Hippolyte), né à Aubusson (Creuse).

Amiens.

628 — Quatre études; pastel.
629 — Panneau décoratif; peinture.
630 — Panneau décoratif; peinture.

(*Voir* Peinture).

LE GENTIL (Mlle JEANNE), née à Arras, élève de Mlle Barrande.

Arras (Pas-de-Calais).

631 — Mon Père; miniature.

LE MAINS (GASTON), né à Tours, élève de Lehmann et Guillemet.

Diplôme d'honneur. — Méd. en Province.

Saint-Cloud, rue du Calvaire, 11.

632 — L'Eglise Saint-Martin à Lamballe; aquarelle.

(*Voir* PEINTURE).

LEROY (PAUL ALEXANDRE ALFRED), né à Paris, élève de Alexandre Cabanel.

Méd. Paris 3e et 2e cl. — Prix du salon Paris 1884. — Méd. E. U. Anvers 1885, Paris 1889. — H. C.

Paris, rue Bara, 3.

633 — Sourire; aquarelle.

(*Voir* PEINTURE).

LE SUEUR (Mlle GABRIELLE), née à Janville (Eure-et-Loir), élève de Camino.

Méd. en Province.

Paris, rue de Rocroy, 29 bis.

634 — Soubrette; miniature sur ivoire.
635 — Femme Empire; miniature sur ivoire.

LÉVY (Mlle VICTORINE), née à Saint-Étienne (Loire), élève de Mme Leclercq-Rouhier.

Amiens.

636 — Fleurs printanières; pastel.
637 — Fleurs printanières; pastel.
638 — Environs d'Orléans; fusain.

LHERMITTE (LÉON AUGUSTIN), né à Mont-Saint-Père (Aisne), élève de Lecoq de Boisbaudran.

Méd. 3e et 2e cl. Paris 1874 et 1879. — ✱ 1884. — Méd. d'honneur E. U. 1889. — O. ✱. 1894.

Paris.

639 — Le Marché de Château-Thierry; pastel.

LIÉVOIS (ADRIEN), né à Amiens.

Amiens.

640 — Mendiants à la porte d'une Eglise ; aquarelle.

LOUPPE (Mlle LUCIE), née à Reims (Marne), élève de Rivoire.

Paris, rue Gustave Courbet, 11.

641 — Panier de Fleurs ; aquarelle.

MACKIEWICZ (Mlle BERTHE), née à Ars-sur-Moselle (Lorraine), élève de Mmes Leclerq-Rouhier, Carpentier, Jules Lefebvre et E. Maillard.

Méd. Amiens 1894.

Amiens, rue des Augustins, 4.

642 — Profil de jeune Femme; pastel.
643 — Giroflées; aquarelle.
644 — Anémones; aquarelle.

(*Voir* PEINTURE).

MALFILATRE (Mlle LUCY), née à Paris, élève de Allongé et Le Sénéchal de Kerdréoret.

Paris, rue de Vaugirard, 176.

645 — Neige; aquarelle.

(*Voir* PEINTURE).

MANGIN (Mlle MARC), née à Dijon (Côte-d'Or), élève de Jules Lefebvre et Robert Fleury.

Méd. or Rouen.

Paris, rue St-Martin, 292.

646 — Triste nouvelle; pastel.

MANGIN (Marcel), né à Cherbourg (Manche), élève de J. P. Laurens et Harpignies.

M. H. Paris 1895.

Paris.

647 — En Algérie; aquarelle.

(*Voir* Peinture).

MARÉCHAL (Mlle Hélène), née à Metz (Alsace-Lorraine), élève de Maréchal de Metz et Allongé.

Paris, place des Ternes, 5.

648 — Le printemps à Chaville (Seine-et-Oise); pastel.

649 — Dans la Gorge aux Loups (forêt de Fontainebleau); pastel.

(*Voir* Peinture).

MARTIN (Mlle Marie) née au Havre (Seine-Inférieure), élève de Démarquet-Crauk et Ch. Monginot.

Méd. bronze Amiens.

Amiens, rue Boucher de Perthes, 3.

650 — Le Pont d'Hailles; dessin à la plume.

(*Voir* Peinture).

MATHIEU-LOLLIOT (Mlle MARIE), née à Alger, élève de Bouguereau, J. Lefebvre et Chaplin.

Plusieurs Méd. en Province.

Paris.

651 — Le Billet doux; pastel.

MATIGNON (ALBERT), né à Sablé (Sarthe), élève de Hébert et Boulanger.

Plusieurs Méd. en Province.

Paris.

651a — Eventail; gouache.

(*Voir* PEINTURE).

MAURER (HENRI), né à Paris.

Paris, boulevard Clichy, 44.

652 — Lithographies d'après Henry Bonnefoy et Lhermitte.

MAXENCE (EDGARD), né à Nantes.

M. H. Paris. — Méd. 3e cl.

Paris, avenue de Villiers, 18, chez M. Eliot.

652a — Mélancolie; pastel.

(*Voir* PEINTURE).

MÉLIN DE VADICOURT (Mlle JEANNE), élève de Van Acker.

Méd. bronze Amiens 1894.

Occoches (Somme).

653 — Eventail; gouache.

(*Voir* PEINTURE).

MERCIER (Mlle ANDRÉE), née à Amiens, élève de Mme Leclercq-Rouhier et de Stiévenart.

Amiens.

654 — Tête de Jeune fille (étude); fusain.
655 — Vieux chaumes (Pont-de-Metz); fusain.

MILVOY (AMÉDÉE DENIS), né à Amiens, élève de Edmond Duthoit et Emile Boëswillwald.

Méd. arg. et vermeil Béthune, Amiens.

Amiens, rue Dijon, 1.

656 — Tombeau de la Famille T. M. B., au cimetière de la Madeleine; dessin d'architecture.

MORNARD (Mme LOUISE DE), née à Amiens, élève de son père.

Méd. 3e cl. Paris. — Plusieurs Méd. en Province.

Paris, rue Faraday, 11 bis.

657 — Un jour de Marché à Senlis (Oise); aquarelle.
658 — Récolte de prunes; aquarelle.

MOUREN (Henry), né à Marseille (Bouches-du-Rhône), élève de Harpignies.

M. H. Paris 1895.

Paris, rue de Sèvres, 31.

659 — La Loire à Saintpère (Loiret); aquarelle.
660 — Paris au Pont-Royal; aquarelle.

MOUTTE (Alphonse), né à Marseille, élève de Meissonier.

H. C. Paris. — ☼.

Marseille, rue Sylvabelle, 110.

661 — Mère Manon; dessin.

(*Voir* Peinture).

PALETTE (Mlle Antoinette Marie Julie), née à Bayeux (Calvados), élève de Mme Leclercq-Rouhier.

Amiens.

662 — La petite Paresseuse; crayon.
663 — Etude d'après l'Enfant à la Cage, de Pigalle; sanguine.

PALETTE (Mlle Madeleine Marie Lucie), née à Bayeux (Calvados), élève de Mme Leclercq-Rouhier.

Amiens.

664 — Les bords de la Loire à Tours; fusain.

PERRIN (Mlle LÉONIE), née à Paris, élève de Mlle Voruz et de Félix Barrias.

M. H. et Méd. en Province.

Paris, boulevard Rochechouart, 86.

665 — La vieille Chapelle; aquarelle.
666 — Intérieur du Musée de Cluny; aquarelle.

PEUGNIEZ (PAUL), né à Douai (Nord), élève de Maillard.

Méd. bronze Amiens.

Amiens.

667 — Faux de Saint-Basle (forêt de Reims); dessin à la plume.
668 — Portrait de Pasteur; dessin au crayon.

(*Voir* PEINTURE).

POLART (ALBERT JEAN), né à Amiens, élève de Duthoit et Bernard.

Méd. argent Amiens 1892.

Compiègne, (Oise).

669 — Croquis de voyage (Italie); dessins et aquarelles.
670 — Vue de Camps-en-Amiénois (Somme); aquarelle.
671 — Vue de Clairoix (Oise); aquarelle.

PORQUIER (Edouard), né à Quimper (Finistère).

Nantes, (Loire-Inférieure).

672 — Un Chalutier, le Croisic; aquarelle.
673 — Bateaux pêcheurs séchant leurs voiles, à Pornic; aquarelle.

POUJOL DE FRÉCHENCOURT (Mlle Marguerite), née à Soues (Somme), élève de Rapilly et Rivoire.

M. H. Amiens 1892.

Amiens.

674 — Orchidées; aquarelle.
675 — OEillets; aquarelle.
676 — Pieds d'Alouettes; aquarelle.

RAQUET (Léopold), né à Amiens, élève de l'Ecole régionale des Beaux-Arts.

Amiens, rue d'Heilly, 1.

677 — Hangest-sur-Somme; aquarelle.
678 — Environs d'Amiens; aquarelle.
679 — L'Automne; dessin au crayon.

RIGOLOT (Albert Gabriel), né à Paris, élève de Pelouse.

M. H. Paris 1889. — Méd. 3e cl. 1891. — 2e cl. 1892. — Méd. en Province et à l'Étranger.

Paris, rue de la Grande Chaumière, 16.

680 — Soir d'hiver en forêt; pastel.

(*Voir* Peinture).

ROGIER (Gabriel), né à Breteuil (Eure).

Méd. bronze Evreux 1893, Rouen 1895.

Paris.

681 — Environs de Rouen ; aquarelle.

ROUX (Paul Louis), né à Paris, élève de Louis Roux et Cabanel.

A. — Méd. (Blanc et Noir) Paris et en Province.

Paris, rue du Rocher, 14.

682 — L'Aiguille à Etretat ; aquarelle.
683 — Camaret (Finistère) ; aquarelle.

SACHY (Henri de), né à Paris, élève de Paul Colin, A. Cabanel, E. Dubufe et Mazerolle.

Paris.

684 — Berck, temps de pluie ; pastel.
685 — Berck, beau temps, marée basse, pastel.

SAINSAULIEU (Max), né à Péronne (Somme), élève de Moyaux et Magne.

M. H. Paris 1896.

Paris, boulevard Montparnasse, 57.

686 — Le Parthenon ; architecture.
686a — Le Parthenon ; architecture.
(Etudes sur la construction du Naos, d'après les relevés de L. Magne).

SALARD (Mme Céline), née à Paris, élève de Mlle Voruz.

Paris.

687 — Roses; aquarelle.
688 — Pensées et Narcisses; aquarelle.

TACONET (Mlle Jeanne), née à Orléans, élève de Bourgogne.

Plusieurs M. H. et Méd. en Province.

Versailles (Seine-et-Oise).

689 — Isola pescatori; aquarelle.

(*Voir* Peinture).

TENRÉ (Henry), né à Saint-Germain-en-Laye, (Seine-et-Oise), élève de Jules Lefebvre.

Méd. bronze.

Paris, rue Villejust, 36.

690 — Salon Louis XVI à Versailles; aquarelle.
691 — L'Impératrice Joséphine; pastel.

(*Voir* Peinture).

TESTU (Mlle Louise), née à Amiens, élève de Mlle Barrande.

Romescamps, (Oise).

692 — Une Vierge et l'Enfant Jésus; miniature.

TIMMERMANS (Louis), né à Bruxelles, élève de l'Ecole des Beaux-Arts.

Diplômes d'honneur et Méd. en Province.

Paris, rue Aumont-Thiéville 2.

693 — Bassin à Dieppe ; aquarelle.

(*Voir* Peinture).

VALLOIS (Henri), né à Paris, élève de Delambre.

Méd. bronze Evreux.

Paris, rue de Lancry, 54 bis.

694 — Cinq eaux-fortes dans un cadre.
695 — Vieux pont de Vernon (Eure) ; eau-forte.

VERCHAIN (Jean Louis), né à Valenciennes (Nord), élève de Harpignies et Allongé.

M. H.

Paris, boulevard Voltaire, 124.

696 — Eglise de Bagnolet ; aquarelle.

VIERLING (Antoine), né à Nancy (Meurthe-et-Moselle), élève de Sellier et Bonnat.

Méd. Epinal et Nancy.

Nancy.

697 — Belle journée ; pastel.

(*Voir* Peinture).

VINCENT-DARASSE (PAUL), né à Ville-d'Avray, élève de J. P. Laurens et A. Dawant.

Paris, boulevard St-Germain, 159.

698 — Dans les Dunes; pastel.

VIRY (Mlle MARIE LOUISE), née à Belfort (Haut-Rhin), élève de Mme Leclercq-Rouhier.

Amiens.

699 — Etude; dessin au fusain.

WAHL (Mlle LÉA).

699a — OEillets; aquarelle.

VIVIEN (NARCISSE CHARLES AMÉDÉE), né à Amiens, élève de l'Ecole des Beaux-Arts d'Amiens.

M. H. Amiens 1892.

Amiens.

700 — Croquis de voyage; architecture.
701 — Rue de la Porte à Hangest; aquarelle.

YON (Edmond Charles), né à Paris, élève de Lequien.

H. C. — ❋.

Paris, rue des Acacias, 37.

702 — La Grande Chasse à Longpré; aquarelle.
703 — Un Chemin à Longpré-les-Corps-Saints; aquarelle.

SCULPTURE

BELLOC (Georges Jean), né à Bordeaux, élève de son père.

Amiens.

704 — En Campagne; statuette bronze.

BELLOC (J.-B.).

Premier second Grand Prix de Rome. — Méd. 3e cl. Paris 1895. — ✿ A.

Paris, rue Denfert-Rochereau, 22.

705 — Petit buste de Femme renaissance; bronze.

CARLIER (Emile Joseph), né à Cambrai (Nord), élève de Jouffroy et Chapu.

Méd. 2e et 1re cl. Paris. — ✱.

Paris, rue du Regard, 6.

706 — M. D***; buste bronze.
707 — Femme de Marin; groupe bronze.
708 — Tête de Femme abyssine; buste plâtre.

CARPENTIER (Mlle OLIVA), née à Paris, élève de Mme L. M. Gaudefroy.
Méd. vermeil Beauvais.

Amiens.

709 — Helcatte; buste plâtre.
709[a] — Deux plats fleurs.

(*Voir* DESSINS).

CHATROUSSE (EMILE), élève de Rude.
H. C. — ✻.

Paris, boulevard Raspail, 253.

710 — La Petite Vendangeuse; statue terre cuite.

CHOPPIN (PAUL FRANÇOIS), né à Auteuil (Seine), élève de Jouffroy et Falguière.
Méd. 3e cl. Paris 1888. — E. U. 1889.

Paris, rue d'Assas, 68.

711 — Amour à la Source; statuette terre cuite bronzée.

CONINCK (PIERRE LOUIS JOSEPH DE), né à Meteren (Nord), élève de Léon Cogniet.
H. C. Paris. — ✻ 1890.

Amiens, rue Voiture, 25.

711[a] — Ch. Clemmer, né à Meteren (Nord), engagé volontaire à 18 ans, commandant de Tirailleurs algériens, mort héroïquement à la bataille de Frœschwiller (guerre franco-allemande); médaillon.

(*Voir* PEINTURE).

DELOBEL (Mlle JEANNE), née à Amiens, élève de Mme Gaudefroy et de Carlier.

Méd. bronze Amiens 1894.

Amiens.

712 — Cendrillon; buste d'après nature.
713 — Confidences; buste.
714 — Profil.

ENGRAND (GEORGES), né à Aire-sur-la-Lys (Pas-de-Calais), élève de Cavelier.

Méd. 3e cl. Paris 1878. — Méd. bronze E. U. 1889.

Paris, rue Rochechouart, 35.

715 — Andante; buste bronze.
716 — Les Ondines; vase en étain.
717 — Contemplation; plat en étain.
718 — Buire en étain.

FOSSÉ (ATHANASE THÉODOSE FRÉDÉRIC), né à Allonville (Somme), élève de Letellier, Cavelier et Crauk.

Méd. argent et or Amiens. — Méd. 3e cl. Paris 1882. — Méd. bronze E. U. 1889.

Paris, rue Chevert, 23.

719 — Portrait du Dr Du Roselle; buste plâtre.
720 — Jeanne d'Arc, buste terre cuite.

FRESNAYE (Mlle MARIE), née à Marenla (Pas-de-Calais), élève de Maindron et Chapu.

M. H. Paris. — Plusieurs Méd. en Province. — ✿ A.

Marenla (Pas-de-Calais).

721 — Dans les Vignes; statue plâtre.
722 — L'Abondance; statuette cire.

(*Voir* DESSINS).

GAUDEFROY (Mme LOUISE MARTIN), née à Amiens, élève de Reine, Bureau, Desmarquet, de son frère et des cours de la ville de Paris.

M. H. — Méd. argent et bronze.

Amiens.

723 — Indifférente; buste plâtre.
724 — Jeannette; buste plâtre.
725 — Andrée; médaillon.
726 — Mmes X. et G.; petits portraits.
727 — Bacchante; buste plâtre.

(*Voir* DESSINS).

GOGOIS (EMILE), né à Chéroy (Yonne).

Amiens.

728 — Portrait; médaillon bas-relief.

(*Voir* PEINTURE).

HÉRARD (Charles Victor), né à Paris.

M. H. Amiens 1892.

Amiens, rue Sire Bernard, 20.

729 — Mme R....; buste plâtre.
730 — M. R....; médaillon plâtre bronzé.
731 — Ma Mère; médaillon plâtre bronzé.
732 — Notre bon Chéri; médaillon terre cuite.

JENLIS (Edouard de), né à Fontaine-sous-Montdidier (Somme).

Méd. bronze Amiens 1894.

Boulogne-sur-Mer (Pas-de-Calais).

733 — Un grand effort; groupe plâtre.

LEVASSEUR (Henri Louis), né à Paris, élève de Dumont et Delaplanche.

Méd. Paris 1882, 1888, E. U. 1889. — Méd. or E. U. Lyon 1894.

Paris, rue d'Assas, 68.

737 — La Petite Famille; terre cuite.
738 — Les Rameaux; majolique décorée.

LOISEAU-ROUSSEAU (PAUL), né à Paris, élève de Barrau.

M. H. Paris 1891. — Méd. 3e cl. 1892. — 2e cl. 1895.

Paris, rue Notre-Dame des Champs, 28.

739 — Salem, buste de nègre du Soudan; plâtre patiné.
740 — Polichinelle; statuette bronze.

MILLET DE MARCILLY (EDOUARD).

Méd. argent Amiens 1894.

Paris, rue Washington, 13.

741 — Portrait de M. le Général Fay; buste terre cuite.
742 — Mlle Yvonne de Marcilly; buste terre cuite.

MOLLIENS (VALENTIN CHARLES), né à Argœuves (Somme), élève de Falguière.

Longpré-lès-Amiens (Somme).

743 — Mlle L. B.; buste plâtre bronzé.

PASSAGE (CHARLES DU), né à Frohen-le-Grand (Somme), élève de Craviès.

M. H. Paris.

Boulogne-sur-Mer.

744 — Sanglier blessé; terre cuite.

ROZE (ALBERT), né à Amiens, élève de Dumont, Delambre et Thomas.

M. H. Paris. — Méd. or Amiens.

Amiens.

745 — La Jeunesse ; statue plâtre.
746 — La Vierge du Sacré-Cœur ; groupe marbre.
747 — Portrait de Mme C. ; buste marbre.

SAVINE (LÉOPOLD), né à Paris, élève de Injalbert.

Paris, rue Victor Massé, 43.

748 — Rieur ; terre cuite.
749 — Marteau de porte ; bronze.

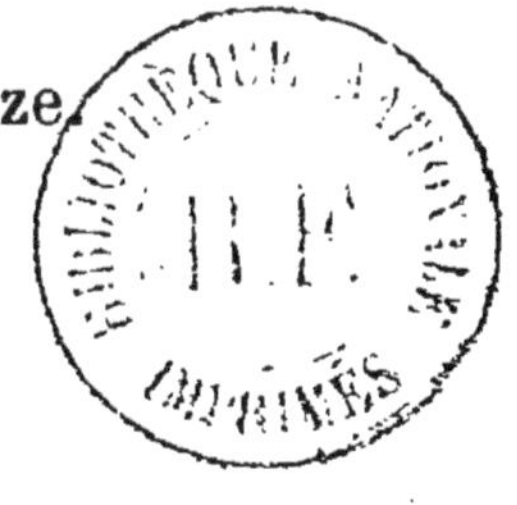

SOCIÉTÉ DES AMIS DES ARTS

DU DÉPARTEMENT DE LA SOMME.

Pour devenir Sociétaire, il suffit de verser la somme de *Dix francs* entre les mains du Trésorier, M. Charles Cordier, rue Caumartin, 23, à Amiens; ou au bureau dans la Salle d'Exposition.

Ce versement donne le droit d'entrée gratuite à l'Exposition pendant toute sa durée.

De plus, chaque Sociétaire inscrit antérieurement à la clôture de l'Exposition, participe à la *Loterie des Sociétaires*.

LOTERIE DES SOCIÉTAIRES.

Cette Loterie est composée de lots choisis parmi les œuvres exposées et de gravures accordées par le Gouvernement.

LOTERIE DES EXPOSANTS

3,000 BILLETS A 1 FRANC.

En dehors de la *Loterie des Sociétaires,* la Société est autorisée à organiser une autre loterie, dite *Loterie des Exposants,* composée de lots uniquement choisis parmi les œuvres exposées et dont le produit est affecté *en totalité* à l'achat de ces lots.

On trouve des Billets chez les principaux libraires de la ville, chez le Concierge du Musée et dans la Salle d'Exposition.

AMIENS. — IMPRIMERIE PITEUX FRÈRES

www.ingramcontent.com/pod-product-compliance
Ingram Content Group UK Ltd.
Pitfield, Milton Keynes, MK11 3LW, UK
UKHW021058200726
13857UKWH00003B/1001

9 782012 947238